www.ingramcontent.com/pod-product-compliance
Lightning Source LLC
Chambersburg PA
CBHW062107160726
48282CB00026B/704
* 9 7 8 8 1 9 6 0 7 7 7 7 8 *

جو اکثر یاد آتے ہیں

(سوانحی خاکے)

از:

ڈاکٹر دیواندر گپتا

Jo aksar yaad aate hain

by: Devinder Gupta

Edition: December '2022
Publisher & Printer:
Taemeer Publications, Hyderabad.

ISBN 978-81-960777-7-8

9 788196 077778

کتاب	:	**جو اکثر یاد آتے ہیں**
مصنف	:	**ڈاکٹر دیواندر گپتا**
صنف	:	خاکے
ناشر	:	تعمیر پبلی کیشنز (حیدرآباد، انڈیا)
زیر اہتمام	:	تعمیر ویب ڈیولپمنٹ، حیدرآباد
ترتیب / تہذیب	:	مکرم نیاز
سالِ اشاعت	:	۲۰۲۲ء
تعداد	:	(پرنٹ آن ڈیمانڈ)
طابع	:	تعمیر پبلی کیشنز، حیدرآباد - ۲۴
صفحات	:	۱۷۸
سرورق ڈیزائن	:	مکرم نیاز

فہرست

	تعارف	آر۔ کے۔ بھارتی	7
	دو باتیں	دیواندر گپتا	10
(۱)	اشفاق اللہ خاں		11
(۲)	ایلی دہٹنے		19
(۳)	آبپاشی کا بادشاہ		22
(۴)	آنند لکھنوی		25
(۵)	بھاسکر		28
(۶)	پنڈت میلارام وفا		29
(۷)	ٹھاکر پونچھی		34
(۸)	ٹھاکر رگھوناتھ سنگھ		36
(۹)	جگر بریلوی		39
(۱۰)	حبہ خاتون		42
(۱۱)	حمید عظیم آبادی		46
(۱۲)	ڈاکٹر زورؔ		49
(۱۳)	راشد الخیری		57
(۱۴)	روسو		60
(۱۵)	سر جگدیش		62

(۱۶)	ریاضؔ	64
(۱۷)	سنجے گاندھی	67
(۱۸)	علامہ شبلی نعمانی	70
(۱۹)	فلارنس نائٹ انگیل	76
(۲۰)	کلرنس برذر آئی	78
(۲۱)	کولمبس	82
(۲۲)	ل۔ احمد اکبر آبادی	87
(۲۳)	لال بہادر شاستری	93
(۲۴)	مقبول شاہ کرالہ وردی	97
(۲۵)	محمد قلی قطب شاہ	101
(۲۶)	محمد قلی قطب شاہ کی زبانی	104
(۲۷)	مولوی محمد حسین آزادؔ	105
(۲۸)	نذیر احمد	110
(۲۹)	نرالاؔ	114
(۳۰)	نول کشور	118
(۳۱)	حوالدار عبدالحمید	122
(۳۲)	مہاشہ ناہر سنگھ	125
(۳۳)	اصغر گونڈوی	131
(۳۴)	ساحر لدھیانوی	135
(۳۵)	افلاطون	139
(۳۶)	آئن اسٹائن	142
(۳۷)	باباصاحب ڈاکٹر امبیڈکر	149
(۳۸)	خواجہ غلام السیدین	156

تعارف

ذرا دیکھ اسکو جو کچھ ہو رہا ہے، ہونے والا ہے
دھرا کیا ہے بھلا عہدِ کہن کی داستانوں میں
— اقبال رح

ڈاکٹر دیواندر گپتا کی چھٹی کتاب آپ کے سامنے ہے۔ اس سے پہلے یہ اسی قسم کی ایک کتاب "جنہیں ہم بھول نہیں سکتے" لکھ چکے ہیں۔ اُس کتاب میں مصنف نے زندگی مختلف شعبوں سے تعلق رکھنے والی اہم شخصیات کی ہلکی پھلکی سوانح حیات پیش کی ہیں۔ ایسا لگتا ہے کہ ڈاکٹر صاحب کی تشنگی اُس سے کم نہ ہو پائی اور اُنہوں نے مزید لوگوں کی سوانح حیات کی جھلکیاں لکھ ڈالی ہیں۔ اِن کے ذہن میں ہر حساس آدمی کی طرح یہ کھٹکا لگا ہوا ہے کہ کہیں ہم اَپنے ماضی کے ورثے کو بھول نہ جائیں۔ اور کہیں ہماری نئی پیڑھی ڈسکو۔ ڈانسوں، پاپ اور جاز میوزک میں اتنی کھو نہ جائے کہ اُسے فنونِ لطیف کے اُستاد ہی یاد نہ رہیں۔ اور ادبی دنیا میں کہیں ہم ٹھاکر پونچھی، ڈاکٹر زور راشد الخیری یا مولوی محمد حسین آزاد کو فراموش نہ کر بیٹھیں۔

اِس نئی کتاب میں ڈاکٹر دیواندر گپتا نے مختلف شاعروں ادیبوں۔ سائنس دانوں گلوکاروں سیاسی لیڈروں اور مدیروں کی زندگی سے ہلکی پھلکی تصویریں لے کر اُن کو قارئین کے سامنے پیش کیا ہے۔ یہ کسی خاص خطے، زبان، مذہب، جنس یا علاقے سے تعلق نہیں رکھتے بلکہ یہ پورے ہندوستان کی نمائندگی کرتے ہیں اور زندگی کے مختلف شعبوں سے تعلق رکھتے ہیں اِس گلدستے میں ہر رنگ کے پھول ہیں اور وہ بھی لاثانی۔

یہ مضامین مکمل سوانح حیات تو نہیں بلکہ اِن کا ایک عکس لطیف ہیں۔ انکا مقصد قاری کو کسی اہم شخصیت کی زندگی کے ہر پہلو سے واقف کرانا تو نہیں بلکہ اُس کے سامنے اِس کی ایک جھلک پیش کرنا ہے۔ وہ بھی ایسی جھلک کہ پڑھنے والے پر ایک کلی اثر پڑے اور اُسے اِس شخصیت کا ایک پورا خاکہ مِل جائے۔ اور جس شخص کو کسی خاص شخصیت سے مزید دلچسپی ہو تو وہ ایک تشنگی محسوس کرے اور وہ اُس کی مکمل

سوانح حیات اس کے کلام اور اُسکی تصانیف کو حاصل کرکے مکمل مُطالعہ کرنے کے لیئے بیتاب ہوجائے۔ کسی کو اس طرف مائل کرنا بھی بذات خود ایک قابل قدر کام ہے۔ آجکل کے نوجوان اَدبی کتابوں سے زیادہ فِلمی اور فحش رسائل پڑھتے ہیں اور اُمید کی جاسکتی ہے کہ زیرِ نظر کتاب سے اُن میں ادبی مطالعہ کا شوق بھی پیدا ہوجائیگا۔

اُردو زبان سے بھی لوگ اب ناواقف ہوتے جارہے ہیں۔ اور اُردو میں کوئی کتاب پیش کرنا بھی اَپنے میں ایک کارِ دارد والا معاملہ ہے۔ لوگوں کو اب اُردو اگر آتی بھی ہے تو وہ بھی کام چلاؤ۔ اِس زبان پر اُستادی حاصل کرنا محال ہوگیا ہے۔ آج کل لوگ جتنی محنت پیشہ کمانے میں کرتے ہیں اُتنی تحصیل اَدب کے لیئے نہیں کرتے خود ڈاکٹر گُپتا آنند لکھنوی کے ایک شعر سے مثال پیش کرتے ہیں ؎

ابھی کوئی دِن اور آنند سیکھو

کہ آئے گی اُردو زبان آتے آتے

اشفاق اللہ خان کو، " دیکھنا ہے زور کتنا بازوئے قاتل میں ہے "

مگر بھارت کے نام پر آنچ نہیں آنے دینی ہے۔ اُن کے لئے ہندو مسلم بھائی بھائی ہیں اور حبِّ وطن اِن کا فرضِ اَوّلین ہے۔ اِسی طرح بھاسکر، حبہ خاتون، سر جگدیش چندر بوس، لال بہادر شاستری اپنے اپنے FIELD میں یکتا ہیں پوری کتاب کا مطالعہ کرنے کے بعد انسان اِس نتیجہ پر پہنچا ہے کہ ڈاکٹر دیو اندر گپتا نے انتخاب کرتے وقت دو باتوں کا خاص خیال رکھا گیا ہے۔ حبِّ وطن اور مذہبی رواداری وہ تمام شخصیات جو اس کتاب کے اوراق پر جلوہ گر ہیں۔ محبِّ وطن بھی ہیں اور مذہبی تفریق سے بالاتر بھی۔ اس کتاب سے جہاں قومی یکجہتی کو بڑھاوا ملیگا۔ وہاں اِس سے اُردو اَدب میں لوگوں کی دلچسپی بھی بڑھ جائے گی۔

شاید کچھ اور ادیب ڈاکٹر صاحب کی تقلید کرکے اُردو اَدب میں مزید اضافہ کریں گے۔ ڈاکٹر صاحب، حمید عظیم آبادی کے بارے میں جو لکھتے ہیں آجکل

کے حالات میں اسکو مزید اچھی طرح سمجھنے کی ضرورت ہے :۔
"اِس میں شک نہیں کہ اِس وقت ایسی شاعری کی ضرورت ہے جو انسانی زندگی کے تعیری پہلوسے بحث کرے اور قوم کے قوائے خوابیدہ کے بیدار کرنے میں معاون ومدد گار ثابت ہوگا۔" لبقول ان کے روحانی واخلاقی بیماریاں قوم کو گھن کی طرح کھائے جارہی ہیں اور ہمیں ایسی شاعری کی ضرورت ہے جو" ہماری قوم کے لئے مفید ثابت ہو" ان ہی محرکات نے ڈاکٹر دیو اندر گپتا کو یہ کتاب لکھنے پر آمادہ کردیا ہے اور جیسا ڈاکٹر زور کے بارے میں اختر رضوانی لکھتے ہیں ؎

بھولے گا نہ تا حشر زمانہ تجھکو
کرتے ہیں تجھے یاد زمانے والے

اِس کتاب کے مطالعہ سے زمانہ کو بار بار اُن لوگوں کی یاد آتی رہے گی جو زمانے کو اپنی طرف سے کچھ دے گئے ہیں اور جن کی وجہ سے ہم اپنا سر بلند رکھ سکتے ہیں۔

؎
ہر کسے کو دُور ماند از اصل خویش
باز جوید روزگارے وصلِ خویش
(رومی رح)

آر۔ کے۔ بھارتی
ڈسٹرکٹ پروجیکٹ آفیسر جموں

دو باتیں

ہر انسان میں جہاں کئی اچھائیاں ہوتی ہیں وہیں کچھ نقص بھی ملتے ہیں۔ اسی طرح ہر فن کار میں بھی خوبیوں کے ساتھ کمزوریاں بھی ہوتی ہیں۔ فن کار بھی بہرحال انسان ہوتا ہے اور اس کی معلومات کا محدود ہونا لابد ہے۔

ادب میں کسی کے مقام کا تعین زمانہ ہی کرتا ہے۔ ایک فن کار اپنی زندگی میں کچھ دے جاتا ہے، اس میں سے کئی چیزیں جو زندہ رہ جاتی ہیں، مستقبل میں کام آتی ہیں اور انہیں کی بنیاد پر ادب میں کسی شخصیت کا مقام متعین ہوتا ہے۔

"جو اکثر یاد آتے ہیں" کتاب میں نقاد، محقق، زبان داد ب، ریاضی دان اور شعرا داد باد وغیرہ کو کرسی عطا کی گئی ہے اور ان کی صحیح تصویر کھینچی گئی ہے۔ ان لوگوں نے اپنے پیچھے لیے انمٹ آثار چھوڑے ہیں اور اپنے بعد کے آنے والوں کی راہ اس حد تک ہموار کر دی ہے کہ آج کا طالب علم ان کا ممنون رہے گا۔

آخر میں ان احباب کا شکریہ ادا کرتا ہوں۔ جنہوں نے حالات کی فراہمی میں مدد کی یا مطبوعات مستعار دیں۔

مجھے امید ہے کہ اس کتاب کی خاطر خواہ پذیرائی ہوگی اور غلطیوں اور کمیوں سے مجھے آگاہ کیا جائے گا۔ اس سلسلے میں جے۔ کے بک ہاؤس جموں کا شکر گزار ہوں جنہوں نے اسکی طباعت کی ذمے داری قبول کی اور مجھے بہت سی مشکلات سے بچا لیا۔ میں جناب آر۔ کے بھارتی صاحب کا بھی ممنون ہوں۔ جنہوں نے اس کتاب کا تعارف لکھ کر میری حوصلہ افزائی کی۔

احقر
ڈاکٹر دیو اندر گپتا

اشفاق اللہ خاں

وطن ہمیشہ رہے شاد کام اور آزاد
ہمارا کیا ہے اگر ہم رہے رہے نہ رہے

شاہ جہاں پور (اتر پردیش) کی سرزمین پر ایک مُعزز مسلمان خاندان میں ۲۲ اکتوبر سنہ ۱۹۰۰ء کو ایک بچے نے جنم لیا جس کو آزاد ہندوستانی اشفاق اللہ خاں وارثیؔ کے نام سے جانتے ہیں۔ یہ بچہ بڑا خوبصورت اور پیارا تھا۔ ہر کوئی اس بچے کو گود میں اُٹھانا پسند کرتا تھا۔ اشفاق جب بڑے ہوئے تو خوش مزاجی، زندہ دلی اور جرأت ان کے اطوار سے ظاہر ہونے لگی۔ شاہ جہاں پور کی کھنوت ندی میں تیرنا، گھوڑے کی سواری کرنا۔ بھائی کی بندوق لے کر شکار کھیلنا لڑکپن میں ان کے خاص مشغلے تھے۔ بقول منمتھ ناتھ گپتؔ کہ "اشفاق لمبے چوڑے قد کے گورے اور خوبصورت نوجوان تھے۔ ان کے چہرے پر ہمیشہ مسکراہٹ رہتی۔ وہ کھلے بندوں بندوق لے کر چلا کرتے تھے۔ اُنھیں دیکھ کر ایک اجنبی یہ سمجھتا کہ یہ کوئی نواب یا کنور ہوں گے۔"

اشفاق اللہ خاں کو لڑکپن ہی میں سیاست سے دلچسپی تھی۔ ان کے ہاتھ میں کسی قوم پرست کی سوانح عمری کی کتاب ہی رہتی تھی۔ غلامی کیا ہے؟ آزادی کیا ہے؟ ان باتوں کو لڑکپن ہی سے سمجھنے لگے تھے۔ وہ شاہ جہاں پور کے مشن ہائی اسکول میں پڑھتے تھے۔ ان کے ساتھیوں میں پنڈت رام پرشاد بسملؔ بھی تھے۔ بسملؔ ان سے ایک درجے آگے تھے۔ بسملؔ اُنھیں لڑکوں کو اپنا دوست بناتے جن کے دل میں قومی خدمت کا جذبہ ہوتا۔ وہ اشفاق اللہ سے بہت کم بات چیت کرتے کیوں کہ وہ محسوس کرتے

تھے۔ یہ مسلمان لڑکا، امیر خاندان کا اور نازوں کا پلا ہوا انقلابی کیسے بن سکتا ہے مگر اشفاق نے ثابت کر دیا کہ وہ دیش کی خدمت کی لگن رکھتا ہے۔ وہ بسمل کا عزیز ترین دوستوں میں شمار ہونے لگا اور بسمل اُسکو اپنا چھوٹا بھائی ہی جانتے تھے اور اشفاق اللہ خاں اُنھیں ہمیشہ اپنا بڑا بھائی مانتے اور ان کے ہر حکم کو مانتے۔

۱۹۲۰ء میں تحریک خلافت اور پھر کچھ عرصہ بعد ترک موالات کی تحریکیں شروع ہوئی تو دونوں (پنڈت رام پرشاد بسمل اور اشفاق اللہ خاں) ساتھیوں نے اسکول چھوڑ دیا۔ دونوں کاندھوں پر جھولا لٹکائے پیدل گاؤں گاؤں جاکر آزادی کا پیغام سنانے لگے وہ ہر طرح کی تکالیف برداشت کرتے۔

اشفاق رام پرشاد کی انقلابی پارٹی کے ایک رکن بن گئے۔ وہ سر پر کفن باندھ کر کام کرنے لگے۔ اُنہوں نے اپنی زندگی اپنے مخلص دوست رام پرشاد بسمل کے حوالے کر دی۔ انقلابی پارٹی میں شریک ہونے کے بعد ان کے جوش اور ولولے کا یہ حال تھا کہ جب کوئی خطرناک مرحلہ آتا تو اشفاق بندوق تھام لیتے اور باقی لوگ ان کے خدمتگار کی طرح سے ان کے پیچھے پیچھے چلتے۔

جنون حبِّ وطن کا مزہ شباب میں ہے

لہو میں پھر یہ روانی رہے رہے نہ رہے

۱۹۲۴ء میں شاہ جہاں پور میں ہندو مُسلم فساد ہوگیا۔ اشفاق کے محلّے والے اشفاق کو گالیاں دیتے تھے اور اُنھیں قوم کا دشمن کہہ کر ذلیل کرتے تھے کیونکہ وہ ایک ہندو کے دوست تھے اور اس جھگڑے کے وقت بھی اِس کا ساتھ چھوڑنے کے لیے تیار نہ تھے، انھوں نے دوستی توڑنے کے لئے نہیں کی تھی۔ دوستی، دوستی کا حق ادا کرنے کے لئے کی تھی۔ اور انھوں نے یہ حق اس شان سے ادا کیا کہ اس پر رام پرشاد بسمل کے ہندو دوستوں کو بھی رشک آتا تھا۔

اشفاق اپنے تنگ نظر رشتہ داروں اور مسلمان دوستوں کے ہم خیال نہ ہوسکے۔ وہ ہندو مُسلم اتحاد کے حامی تھے اور اُن کی نظر میں وسعت اور دل میں فراخی تھی یہی وجہ

تھی کہ ان پر تنگ نظر ہندو اور مسلمان دوستوں اور رشتہ داروں کا رنگ نہ چڑھ سکا۔ اشفاق اللہ خاں اور پنڈت رام پرشاد بسمل کی دوستی کا یہ حال تھا کہ وہ دو جسم اور ایک جان تھے۔ ایک بار اشفاق اللہ خاں کو دل کا دورہ پڑا۔ بے ہوشی کی حالت میں ان کے منہ سے رام رام اور ہائے رام نکل رہا تھا۔ پاس کھڑے ہوئے لوگوں کو بڑا تعجب ہو رہا تھا کہ اشفاق کے منہ سے رام رام کیوں نکل رہا ہے۔ وہ سمجھاتے کہ اللہ اللہ کہو۔ لیکن اشفاق برابر رام رام کی ہی رٹ لگاتے رہے۔ اتفاق سے اسی وقت ایک دوست کا وہاں آنا ہوا جو رامؔ کے راز کو جانتے تھے۔ فوراً رام پرشاد بسمل کو بلایا گیا۔ رام پرشاد کو دیکھ کر اشفاق کو سکون ملا اور وہ خاموش ہو گئے۔ اس وقت لوگوں نے "رام" کے راز کو سمجھا۔

اشفاق اللہ کی دن رات یہی کوشش رہتی کہ وہ زیادہ سے زیادہ مسلمان نوجوانوں میں انقلابی جذبہ پیدا کریں۔ انھوں نے اپنے سبھی دوستوں اور ساتھیوں پر اپنے خیالات کا اظہار کیا اور انھیں اپنے ساتھ سر پر کفن باندھ کر کام کرنے کی دعوت دی۔ لیکن ان کے ساتھ کام کرنے کا مطلب تھا بھوکے۔ پیاسے۔ ننگے پاؤں پیدل چل کر گاؤں گاؤں کی خاک چھاننا۔ دن کا چین اور رات کی نیند حرام کرنا اور پھانسی کے تختہ پر لٹکنا یا سزا بھگتنا یا جیل خانہ میں مدتوں مشقت اُٹھانا۔ کس میں اتنا حوصلہ اور ایثار و قربانی کا جذبہ نہ تھا۔ اپنے عیش و آرام اور عزیز جان کا بھلا کون دشمن ہوتا ہے۔

۹ اگست ۱۹۲۵ء کو گورنمنٹ کا خزانہ ریل کے ذریعے لوٹنے کی اسکیم بنائی گئی جس میں بسمل، اشفاق، منمتھ رائے گپت، راجیندر ناتھ لاہڑی، سچیندر ناتھ بخشی مکند لال گپت، بنواری لال شری واستو، چندر شیکھر آزاد، کاشی ناتھ وغیرہ شامل تھے۔ ان سب نے ملکر گاڑی میں رکھے خزانے کو جو صندوق میں بند تھا کو نکال لیا۔ یہ رقم تقریباً دس ہزار روپے تھی۔ پولیس اس بات کی تہہ تک پہنچنے کے لئے کہ سرکاری خزانہ کن لوگوں نے لوٹا۔ بھیس بدل کر کارروائی کرنے لگی۔ بدقسمتی سے ایک نوجوان کی چادر موقعہ پر ہی رہ گئی یہ چادر ہی بہتوں کے لیے کفن ثابت ہوئی۔ چند غداروں نے اس کا سراغ پولیس کو دے دیا۔

۲۶ ستمبر ۱۹۲۵ء سے ملک کے تمام حصوں میں گرفتاریاں ہونے لگیں۔ شاہ جہاں پور میں پنڈت رام پرشاد بسمل اور ان کے دوسرے ساتھیوں کو گرفتار کر لیا گیا۔ لیکن

اشفاق اپنے گھر سے فرار ہو گئے اور آدھے میل ہی کے فاصلے پر گنّے کے ایک کھیت میں چھپ گئے اور کئی دن تک وہیں چھپے رہے۔ چند دنوں بعد اشفاق وہاں سے نکل کر اِدھر اُدھر ہوتے ہوئے بنارس پہنچے۔ جو اُن دنوں انقلابیوں کا سب سے بڑا اڈہ تھا۔ لیکن وہاں انھیں کوئی نہ ملا، کیوں کہ کئی لوگ گرفتار ہو چکے تھے، باقی فرار ہو گئے تھے وہاں سے اشفاق کاشی ہندو وشو ودیالیہ گئے ان کی ملاقات چند انقلابیوں سے ہوئی پھر وہ بہار چلے گئے اور پلاموں میں ڈالٹن گنج کے ایک دفتر میں ملازم ہو گئے۔ وہاں انھوں نے اپنے کو متھرا کا ایک کائستھ بتایا۔ وہ تقریباً آٹھ نو مہینے وہاں رہے۔

وہاں سے وہ فرار ہوئے، اس لیے نہیں کہ وہ موت سے ڈرتے تھے بل کہ اس لیے کہ وہ ابھی ملک کی اور کچھ خدمت کرنا چاہتے تھے۔ اِس لیے وہ وہاں سے دہلی پہونچ گئے بقول گپت " کہ وہاں اُن کو ان کا ایک ہم وطن اور ہم درس پٹھان مِل گیا۔ اس نے ان کی خاطر مدارات کی اور ان کی قیام گاہ کا پتہ پوچھ لیا۔ صبح کو اشفاق پولیس کے ہاتھوں میں تھے ۔۔۔۔"

جبکہ شری رام دلارے ترویدی اپنی کتاب "کاکوری کے دل جلے" میں لکھتے کہ "اشفاق کو دہلی میں ایک ہندو اور ہندی کے بڑے ادیب نے گرفتار کرایا تھا۔ "جس نے بھی انھیں گرفتار کرایا ہو وہ بہر حال ملک و قوم کا دشمن تھا۔

اشفاق اللہ خاں اگرچہ بہت تعلیم یافتہ نہ تھے مگر وہ ایک اچھے شاعر تھے۔ وہ مقررین تھے۔ وہ حسرت تخلص کرتے تھے اور صرف سیاسی نظمیں لکھتے تھے۔

اشفاق اللہ خاں کو ۸ ستمبر ۱۹۲۶ء کو دہلی میں گرفتار کر کے لکھنؤ لایا گیا۔ چوں کہ ان کے اور ساتھیوں پر مقدمہ کی کارروائی شروع ہو چکی تھی۔ اس لیے ان پر اور سچیندر ناتھ بخشی پر جو بعد میں گرفتار ہوئے تھے الگ سے مقدمہ چلا۔

کاکوری مقدمہ کے انچارج تصدق حسین، ڈپٹی سپرنٹنڈنٹ، سی آئی ڈی امپیریل برانچ، ایک دن اشفاق کے پاس جیل میں آیا اور بڑی محبت کے ساتھ ان سے کہنے لگا۔ دیکھو اشفاق، تم سے ہمارے خاندانی تعلقات ہیں۔ پھر ہم دونوں مسلمان ہیں۔ رام پرشاد آریہ سماجی ہے۔ ہمارے مذہب کا دشمن ہے۔ وہ ملک میں ہندو راج قائم کرنا چاہتا ہے۔ تم پڑھے لکھے اور سمجھدار ہو۔ تمہیں ایک کافر کا ساتھ دے کر اپنے مذہب کو نقصان نہیں پہنچانا چاہیے۔ پولیس کو تمام باتوں کا پتا لگ چکا ہے۔ یہ تو تمہیں اتنے دنوں کی مقدمہ کی کارروائی سے معلوم ہی ہو گیا ہوگا۔ میرا کہنا مانو اور تمام باتیں صاف صاف کہہ دو۔

اس کا فرام پرشاد کی دوستی میں اپنے کو تباہ مت کرو۔"

یہ سُن کر اشفاق کا چہرہ تمتما اُٹھا، آنکھیں سُرخ ہوگئیں۔ تیز تیز سانس لیتے ہوئے اُنہوں نے ڈپٹ کر کہا، "بس کیجیے جناب، بہت ہوگیا۔ میں ایسی باتیں سُننا بھی نہیں چاہتا آئندہ ان باتوں کا دہرانا آپ کے حق میں اچھا نہ ہوگا۔ پنڈت رام پرشاد سچے ہندوستانی ہیں۔ وہ ملک سے فرقہ واریت کو ختم کرنا چاہتے ہیں۔ وہ سب کے لیے ایک سے حقوق دینے والی پنچایتی سرکار ہندوستان میں قائم کرنا چاہتے ہیں۔ وہ ملک سے غلامی کو دور کرنا چاہتے ہیں، اور اگر آپ کی بات ٹھیک بھی ہو تو بھی پنڈت جی کا ساتھ نہیں چھوڑ سکتا۔ غیر ملک کے رہنے والوں کی غلامی سے اپنے ملک کے رہنے والے بھائیوں کی ماتحتی کہیں بہتر ہے" —

یہ جواب سُن کر بے چارے خاں صاحب اپنا سا منہ لے کر وہاں سے چلے گئے۔

پہلے دن جب اشفاق کا شیریں زبان اور قاتلانہ چھری چلانے والے مجسٹریٹ سیّد عین الدین سے سامنا ہوا تو اُنھوں (اشفاق) نے مُسکراتے ہوئے پوچھا"

کہیے مجسٹریٹ صاحب، آپ نے مجھے پہچانا کہ نہیں؟ میں نے کئی بار آپ کو اس عدالت میں دیکھا ہے۔" مجسٹریٹ نے بڑی حیرت سے پوچھا" کب اور کیسے دیکھا ہے؟ اشفاق نے ہنس کر کہا۔ جب سے آپ کی عدالت میں یہ مقدمہ شروع ہوا میں کئی بار یہاں آکر مقدمہ کی کارروائی کو سُن گیا اور اپنے ساتھیوں کو دیکھ گیا ہوں۔ میں یہاں راجپوتی لباس میں آیا کرتا تھا۔ اور اطمینان سے بینچ پر بیٹھ کر مقدمہ کی کارروائی کو دیکھا اور سُنا کرتا تھا۔" کیا تمھیں یہاں آنے میں خوف نہیں معلوم ہوتا تھا؟"

مجسٹریٹ نے پوچھا۔ اشفاق نے مسکراتے ہوئے کہا! " خوف اگر ہوتا تو یہاں آتا ہی کیوں۔" — اور پھر انھوں نے یہ شعر پڑھا۔

جب سے سُنا ہے ہم نے مرنے کا نام زندگی ہے
سر پر کفن لپیٹے قاتل کو ڈھونڈتے ہیں

اشفاق کا شمار معمولی قیدیوں میں نہ تھا۔ پھانسی کا خوف ان کے کسی کام میں حارج نہ ہوسکا۔ وہی وقت سے سونا، وقت سے جاگنا، معمول کے مطابق کھانا پینا اور مست رہنا۔ ان کی زندہ دلی کو موت کا خوف بھی دُور نہ کرسکا۔ ایک ساتھ

تین پھانسیوں اور دو کالا پانی کی سزائیں سُن کر وہ مسکرا رہے تھے یہ تھی اشفاق کی جواں مردی اور زندہ دلی!

پھانسی سے ایک دن پہلے کچھ لوگوں (جن میں ان کے دوست بھی تھے) اشفاق کو ملنے جیل گئے تو وہ دیکھ کر حیران رہ گئے۔ اشفاق نے دھلے ہوئے کپڑے پہنے تھے اور وہ بہت خوش نظر آرہے تھے۔ تو دوستوں نے پوچھا، بھئی یہ سب ٹھاٹ باٹ کس خوشی کے لیے ہے تو اشفاق نے جواب دیا۔ "کل میری شادی کا دن ہے۔ ارے یارو! یہ بتاؤ تو دولھے کے سنورنے میں کوئی کمی تو نہیں رہ گئی ہے۔" یہ کہہ کر وہ بڑے زور سے ہنسنے لگے۔ اشفاق واقعی مرنا جانتے تھے۔ وہ مرے بھی اور بڑی شان کے ساتھ مرے۔ جینا تو سبھی جانتے ہیں مگر مرنا بہت کم لوگ جانتے ہیں۔

جسے مرنا نہیں آیا اُسے جینا نہیں آیا

۱۹ دسمبر ۱۹۲۷ء کا وہ منحوس دن آ ہی گیا۔ جب اشفاق اپنی کوٹھری سے باہر نکلے ایسا دکھائی دیتا تھا کہ وہ سچ مچ دولھا بنے پھانسی گھر میں موت سے شادی رچانے جا رہے ہیں۔ ان کے خوب صورت لمبے اور گھنگرالے بال پیچھے کی طرف لٹک رہے تھے۔ سفید صاف کرتے کے اوپر بائیں کاندھے پر قرآن شریف لٹک رہا تھا۔ وہ قرآن کی آیتیں پڑھتے جا رہے تھے۔ پھانسی گھر کی سیڑھیاں چڑھ کر جب وہ پھانسی کے پھندے پر پہنچے تو پھانسی کی رسیوں کو چوم کر انھوں نے کہا۔

"میرے ہاتھ کبھی انسانی خون سے رنگین نہیں ہوئے۔ جو الزام مجھ پر لگایا گیا ہے وہ غلط ہے۔ میرا انصاف اب خدا کے یہاں ہوگا ۔۔۔۔"

یہ کہہ کر پھانسی کے پھندے کو خود لے کر اپنے گلے میں پھولوں کی مالا کے طور پر ڈال لیا۔ اور یہ اشعار پڑھے۔

تنگ آکر ہم بھی ان کے ظلم سے بیداد سے
چل دیئے سوئے عدم زندان فیض آباد سے

فنا ہے سب کے لیے ہم پہ کچھ نہیں موقوف
بقا ہے ایک فقط ذات کبریا کے لیے

اس کے بعد اُنھوں نے بآواز بلند "انقلاب زندہ باد"، بھارت ماتا کی جے، اور انگریز مُردہ باد کے نعرہ لگائے۔ جیل کے سپرنٹنڈنٹ نے معمول کے مطابق ان سے پوچھا آپ کی کوئی آرزو ہو تو بتایئے۔ اس پر اشفاق نے ایک شعر پڑھا۔

کچھ آرزو نہیں ہے، ہے آرزو تو یہ ہے
رکھ دے کوئی ذرا سی خاکِ وطن کفن میں

اشفاق نے کہا "بندے ماترم" اور جلاد نے اپنا کام کر دیا۔
دُنیا میں بہتوں کو پھانسی دی گئی۔ لیکن اس طرح سے پھانسی کو کھیل سمجھنے والے کم نکلے ہوں گے۔

پھانسی پانے سے پہلے اشفاق اللہ خاں نے ملک کے نام پیغام دیا تھا۔
"ہندوستانی بھائیو، آپ جس مذہب یا فرقہ کے ماننے والے ہوں، ملک کے کام میں ایک دوسرے کا ساتھ دیجیے۔ بے کار آپس میں جھگڑا نہ کیجیے۔ راستے خواہ الگ الگ ہوں لیکن مقصد سب کا ایک ہی ہے۔ سب مذہب اور فرقے ایک ہی مقصد کو حاصل کرنا چاہتے تھے۔ پھر یہ آپس کے جھگڑے کیوں؟ . . . . .

میں پہلا مسلمان ہوں جو ملک کی آزادی کے لیے پھانسی پر چڑھ رہا ہوں۔ یہ خیال کر کے مجھے فخر ہوتا ہے۔ آخر میں میرا سب کو سلام "ہندوستان آزاد ہو۔

اِس عظیم شہید کی قبر سے آج بھی یہی صدا آرہی ہے کہ ہندو مسلمان مادرِ وطن کی دو آنکھیں ہیں۔ اسے کانا مت بناؤ، اسے اندھا مت کرو۔ آپس کے جھگڑے ختم کردو . . .

انقلابی پارٹی کے سرفروشوں کی قربانیوں کو نظر انداز کر دینا محبانِ وطن کے ساتھ انتہائی ناانصافی ہوگی۔ اگر انقلابی پارٹی کے چندر شیکھر آزاد، بھگت سنگھ، بٹوکیشور دت، رام پرشاد بسمل، راجیندر ناتھ لاہڑی، ٹھاکر روشن سنگھ

اشفاق اللہ خاں، جیندر ناتھ داس، سچیندر ناتھ سانیال، سچیندر ناتھ بخشی، یوگیس چند چیٹرجی، گووند چرن کر، مکندی لال گپت، من متھ رائے گپت، سودیش چندر بھٹا چاریہ، بشنو سرن ڈبلس، رام کشن کھتری، راج کمار سنہا، بھوپیندر ناتھ سانیال پریم کشن کھنا، رام ناتھ پانڈے، سریندر ناتھ پانڈے، رام دلارے ترویدی، لکشمی نرائن شکلا، سالگرام شکل وغیرہ۔

سینکڑوں نوجوانوں نے اپنے جان و مال کی قربانی نہ دی ہوتی تو شاید ہندوستان کو ابھی آزادی نہ ملی ہوتی۔ آزادی کا بیج بونے والے دراصل یہ انقلابی تھے۔

لالہ ہردیال، راجا مہندر پرتاپ، راس بہاری بوس وغیرہ نے ملک کے باہر جا کر انگریزی حکومت کے خلاف پروپیگنڈہ نہ کیا ہوتا اور نیتاجی سبھاش چندر بوس نے اگر آزاد ہند فوج انگریزوں کے خلاف نہ تیار کی ہوتی تو انگریز اس سونے کی چڑیا (ہندوستان) کو کب چھوڑنے والے تھے۔

شہید اشفاق کی قبر پر میلہ لگتا ہے۔ لوگ فاتحہ پڑھتے ہیں اور قبر پر چادر بھی چڑھاتے ہیں۔

جس نے ہلا دیا ہے دُنیا کو ایک پل میں
افسوس کیوں نہیں ہے وہ روح اب وطن میں

ایلی وہٹنے

پہلی مشین کی ایجاد کی داستان ۱۷۶۵ء سے شروع ہوتی ہے جب مساچوسٹس کے فارم پر ایلی ہٹنے پیدا ہوا۔ اسے بچپن ہی سے طرح طرح کے اوزاروں اور مشینوں سے بیحد دلچسپی تھی۔ چوں کہ گھر میں روپے کی قلت رہتی تھی۔ اِس لیے ایلی کو فارم پر بہت دیر تک کام کرنا پڑتا۔ پھر وہ بھی وہ پڑھائی کے لیے تھوڑا بہت وقت نکال لیتا۔ اس سے جہاں تک ہوسکا وہ روپیہ بھی بچاتا رہا۔ آخرکار وہ اس قابل گیا کہ کالج میں داخل ہو سکے۔ ایک سال بعد اُسے کالج کو خیرباد کہہ دینا پڑیگا۔ لیکن اُس کے آس پاس اتنی مشینیں مرمت طلب تھیں اور ایلی مشینوں کی مرمت کرنے میں اتنا اچھا کاریگر تھا کہ اس نے کالج کی ساری فیس اسی طریقے سے کمالی۔

ابھی کالج میں کچھ اور وقت پڑھنا تھا کہ ایک دوست نے ایلی کو بتایا کی ساونا (جارجیا) میں ٹیچر کی بہت اچھی آسامی خالی ہے۔ لیکن جب ایلی طویل مسافت طے کرکے اور کافی روپیہ خرچ کرکے ساونا پہنچا تو اُسے پتہ چلا کہ یہ جگہ تو کسی اور کو مل گئی ہے۔

وہٹنے مساچوسٹس لوٹنے ہی والا تھا کہ اس کی ملاقات ایک بیوہ مسز گرین سے ہوئی جو ایک بہت بڑے فارم کی مالک تھی۔ مسز گرین نے ایلی کو دعوت دی کہ شمالی علاقے میں واپس جانے سے پہلے وہ کچھ عرصہ تک اس کے فارم میں قیام کرے۔

ایلی نے فارم میں پہنچتے ہی مفید کام کرنے شروع کر دیئے۔ اُس نے کئی ٹوٹی پھوٹی چیزوں کی مرمت کی۔ اُس نے گھر میں کام آنے والی کئی ٹیکنیکل چیزیں بھی تیار کردیں چناں چہ مسز گرین نے سوچا کہ ممکن ہے ایلی وہ مسئلہ حل کردے جو زمینداروں کو پریشان کر رہا تھا۔ یہ لوگ ایک ایسی مشین چاہتے تھے جو کپاس کے شگوفوں میں سے بنولوں کو الگ کردے۔

مسئلہ بڑا اہم تھا کیوں کہ جنوبی ریاستوں کا بننا اسی پر منحصر تھا۔ ساحل سمندر کے ساتھ ساتھ نشیبی علاقہ میں لوگ چاول اور نیل پیدا کر سکتے تھے۔ باقی تمام علاقے میں کوئی نہ

کوئی فصل اور خصوصاً مکئی کی فصل پیدا کی جا سکتی تھی۔ لیکن مکئی کو اندرون ملک کے علاقوں سے ان منڈیوں تک لانے کا کوئی بندوبست نہ تھا۔ جہاں اسے بیچ کر منافع کمایا جا سکتا۔ چناں چہ کسانوں کی خوشحالی کے لیے یہ ضروری تھا کہ وہ کوئی اور فصل اُگائیں۔

۱۷۸۷ء کے لگ بھگ چند ایک کسانوں نے کپاس بونے کی کوشش کی۔ ان دنوں مصر اور ہندوستان ہی دُنیا بھر کو کپاس مہیّا کرتے تھے۔ چوں کہ کپاس بہت کم دستیاب ہوتی تھی اس لیے سُوتی کپڑے بڑے مہنگے اور کمیاب تھے۔ چناں چہ لوگوں نے سوچا اگر امریکی مٹی روئی کی فصل پیدا کرنے کے قابل ہو تو ملک میں ایک نئی صنعت قائم ہو سکتی ہے جو ہزاروں لوگوں کو روزی مہیّا کر سکتی تھی۔

جارجیا اور ساؤتھ کیرولینا میں روئی کی فصل اگاتے ہی کسانوں کو پتہ چل گیا کہ ان کے کھیتوں میں تو یہ فصل مصر یا ہندوستان سے بھی کہیں زیادہ بہتر پیدا ہوتی ہے۔ یہ بڑی اُمید افزا بات تھی۔ لیکن اس کے ساتھ ایک دقت بھی تھی۔ کہ یہاں کی کپاس چھوٹے ریشے کی تھی اور اس میں بیج بہت ہوتے تھے۔

روئی کا دھاگا بنانے سے پہلے کپاس میں سے بیج نکالنے پڑتے تھے اور چوں کہ روئی چھوٹے ریشے کی تھی اس لیے کام کی رفتار بے حد سست ہوتی تھی۔ ایک آدمی سارے دن کی محنت کے بعد صرف آدھا سیر (۸ تولے) روئی صاف کر پاتا۔ اسی سے امریکی روئی مصر یا ہندوستان کی روئی سے بھی کہیں مہنگی پڑتی۔ یہ سب باتیں ایلی کو ایک کسان نے بتائیں جو مسز گرین کا دوست تھا۔ چناں چہ اس نوجوان نے جو استاد بننے کی خواہش لے کر آیا تھا۔ کپاس کے کھیتوں میں جا کر معائنہ کیا اور دیکھا کہ مزدور کیسے صبر آزما ڈھنگ سے روئی میں سے بنولے نکال رہے ہیں۔ وہ فوراً سمجھ گیا کہ ضرورت ایک ایسی مشین کی ہے جو محض آگے پیچھے حرکت نہ کرے بل کہ مسلسل چلتی جائے۔ اس کے لیے ضروری ہوگا کہ مشین گول ہو اور اس کے دستے کو گھما کر چلایا جا سکے اور اگر مشین کے اندر ایک کی بجائے دو کنگھے لگے ہوں تو اور بھی بہتر رہے گا۔

ایلی نے اپنے ذہن میں مشین کا ماڈل تیار کرنا شروع کیا۔ ایک لکڑی کا بیلن بنا کر اسکے ارد گرد آدھ آدھ انچ کے فاصلے پر لمبی اور پتلی سلاخیں لگا دی گئیں۔ یہ بیلن ایک دستے کی مدد سے گھومنے لگتا تھا۔ پھر بیلن کی سلاخیں ایک فریم یعنی دوسرے کنگھے میں سے گزرتی تھیں اور اُن کے گزرنے کا مقام اتنا تنگ تھا کہ ان میں سے بنولہ نہیں نکل سکتا تھا۔ صرف پتلے ریشے ہی سلاخوں میں نکل سکتے تھے۔

ایلی نے جو پہلا ماڈل تیار کیا اس سے پتہ چلا کہ روئی کے ریشے سلاخوں سے چمٹ جاتے اور کچھ اُلجھ کر رہ جاتے۔ چناں چہ اس نے پیندے میں ایک برش لگا دیا جو ریشوں کو الگ کرتا جاتا تھا۔ یہ سارا کام انجام دینے میں تین ہفتے سے بھی کم عرصہ لگا۔ اس نے اپنی مشین کا نام "روئی اوٹنے کی مشین" رکھا اور اس کی آزمایش ہی سے واضح ہوگیا کہ یہی وہ مشین ہے جس کی اشد ضرورت تھی۔ اس مشین نے ایک دن میں ۲۵ سیر (تقریباً ۲۷ کلو) روئی صاف کر کے رکھدی۔ اس کے برعکس ہاتھ سے بنولے الگ کرنے والا مزدور صرف آدھا سیر روئی روزانہ صاف کر پاتا تھا۔

یہ عجیب وغریب مشین تھوڑا عرصہ چلی اور پھر چوری ہوگئی۔

ایلی نے ایک اور مشین تیار کی اور یہ ماڈل واشنگٹن بھیج دیا۔ جہاں سے اُسے پیٹینٹ حاصل ہوگیا۔ اس طرح ایلی نے اپنی ہمت اور کوشش سے روئی اوٹنے کی مشینوں کا ایک کارخانہ قائم کرلیا۔

ان کا کارخانہ بڑا کامیاب رہا کیوں کہ ہر شخص کو ایسی مشین کی ضرورت تھی جو ایک دن میں ۲۵ سیر روئی صاف کر سکے۔

یہ مشین اتنی سادہ تھی کہ لوگوں نے اسکی نقل کرنی شروع کردی۔ اُس نے کئی بار عدالت کا دروازہ کھٹکایا۔ تو فیصلا اُس کے حق میں ہوتا۔ مگر نقل کرنے والے کہاں باز آتے۔ اس اتحاد کی بدولت ایلی ایک دولت مند شخص بن چُکا تھا۔ یہ مشین اتنی کارآمد تھیں کہ جنوبی ریاستوں کی حکومتوں نے انھیں زر کثیر پیش کئے بشرطیکہ وہ روئی اوٹنے کی مشین ان ریاستوں میں لوگوں کو فروخت کرنے لگیں۔ سادتھ کیرولینا ہی کی حکومت نے ایلی اور اُس کے دوسرے ساتھی جس کا نام ملر تھا کو ۵۰ ہزار ڈالر کی رقم دی جو اس زمانے میں بہت بڑی رقم سمجھی جاتی تھی۔

ایلی نے ایجاد کر کے نہ صرف اپنا نام پیدا کیا بل کہ کافی دولت اور شہرت بھی کمائی۔ جب تک روئی کی مشین رہے گی تب تک ایلی کا نام زندہ رہے گا۔

عزیز طالب علموں آپ بھی کچھ کر کے دکھاؤ۔ جس سے نہ صرف آپکا بلکل عظیم ملک بھارت کا نام بھی اُونچا ہوگا۔

آبپاشی کا بادشاہ

تاریخ ہند کے طویل ادوار پر نظر ڈالیے بمشکل چند بادشاہ ایسے ملیں گے جنہوں نے ملک کی معاشی ترقی کے ضمن میں کوئی کارنمایاں انجام دیا ہو یا کوئی ایسی یادگار اپنے پیچھے چھوڑ گئے ہوں جو آرٹ۔ سائنس یا انجینرنگ میں کسی ترقی کی نشاندہی کرتی ہو۔

شاہ جہاں جس نے عالمگیر شہرت کا حامل مقبرہ تاج محل "بنایا۔ قطب الدین ایبک (دہلی کا پہلا سلطان) جس نے مشہور مینار۔ قطب مینار تعمیر کرایا۔ اسی طرح کچھ دوسرے بادشاہوں نے بھی کچھ نشان چھوڑیں ہیں۔

جنوبی ہندوستان میں کتیا خاندان کے بادشاہوں نے کچھ کارہائے آب پاشی کی تعمیر کی تھی۔ اس کے بعد کا زمانہ میں خاندان قطب شاہی کا ایک بادشاہ ابراہیم قطب شاہ اس میدان میں یکسا نظر آتا ہے۔ تلنگانہ (حیدرآباد) میں بڑے بڑے ذخائر آب (پانی) اس نے بنوائے۔ جن میں (۱) تالاب حسین ساگر جس سے شہر حیدرآباد کو پانی سر براہ کیا گیا ہے (۲) ذخیرہ آب ابراہیم پٹن جو شہر حیدرآباد سے تقریباً ۲۵ کلومیٹر دور اسی نام کے موضع پر واقع ہے۔ (۳) تالاب پانگل موقوعہ نلگنڈہ (۴) دریائے عیسیٰ و موسیٰ پر انی کٹ جس سے تالاب حسین ساگر میں پانی کی آمد میں اضافہ کیا گیا۔ ان کے علاوہ چھوٹے چھوٹے ذخائر آب بھی بنوائے گئے جیسے ذخیرہ آب کانکور۔ ذخیرہ آب کویلکنڈہ (ضلع محبوب نگر) وغیرہ۔

۱۵۶۲ء میں عہد ابراہیم قلی قطب شاہ میں تالاب حسین ساگر تعمیر ہوا۔ اس پر ڈھائی لاکھ روپیہ رائج الوقت خرچ ہوئے۔ یہ سارا کام شاہ کی دیکھ ریکھ میں ہوا۔ موصوف ایک صوفی منش بزرگ تھے۔ اور وفات کے بعد حسین شاہ ولی کے نام سے مشہور ہوئے۔ ان کا مقبرہ شہر حیدرآباد کے قرب وجوار میں گولکنڈہ سے تھوڑی دور بمبئی جانے والی سڑک پر واقع ہے۔ امام حسین کی یاد میں تالاب کا نام حسین ساگر رکھا گیا ہے۔ موسیٰ ندی کی ایک شاخ نہر کل وداییر پر بند تعمیر کیا گیا۔ اس بند کا رقبہ

۹۲ مربع میل ہے۔ اس کی لمبائی ۴ ۱۳ : ۲ میل ہے اور چوڑائی ۳۰ تا ۵۰ فٹ۔ یہ سکندر آباد اور حیدر آباد کی سڑکوں کو ایک دوسرے سے ملاتا ہے۔ بائیں اور دائیں جانب زائد پانی کے اخراج کے لئے دروازے رکھے گئے ہیں۔ پانی کی نکاسی اور سربراہی کے لیے چار دروازے ہیں۔ اس کا غیر فلٹر شدہ پانی حیدر آباد کے بعض حصے۔ کپڑے کی ملز اور بجلی گھر کو بیجا یا گیا ہے۔ زمانہ سابق میں اس کا پانی باغات۔ ایران سے برآمد کردہ گلاب کے پھول، موتیا اور چنبیلی کی کیاریوں میں پہونچایا جاتا تھا۔ شاہی دربار، امرار کے محلات اور عام استعمال میں بھی یہ پانی کام میں آتا ہے۔

اس بند میں اب تک کوئی رخنہ پڑا اور نہ اس میں شکستگی کے آثار پیدا ہوئے سنہ ۱۹۰۸ء کی سخت ترین طغیانی اس کا ثبوت ہے۔ یہ ان معماروں اور انجنیروں کی ہاتھ کا ایک زندہ ثبوت ہے جس کی نگرانی بادشاہ نے خود کی تھی۔

شاہ نے جو پہلے تالاب تعمیر کروایا تھا لوگوں نے اس کا نام ''حسین صاحب چیرو'' رکھا تھا تو شاہ نے ایک اور تالاب بنوایا جو اب تالاب ابراہیم پٹن کے نام سے مشہور ہے۔ تالاب ابراہیم پٹن کے علاوہ تالاب پانگل بھی اسی شاہ کی دین ہے۔

تالاب پانگل کی مرمت میں ابراہیم کی جمہوریت پسند طبیعت کا ثبوت ملتا ہے۔ پتھر کے کتبے سے جو تلگو میں گندہ ہے۔ یہ واضح ہوتا ہے کہ سلطان نے آبپاشی کے محاصل کی تقسیم ۴½ حصوں پر بموجب صراحت ذیل کی ہے۔

''ایک حصہ سلطان کو، ڈیڑھ حصہ رعایا کو دو حصے فوج کو جو مسلمان اور برہمن دونوں پر مشتمل تھی اور مزید یہ بھی کندہ ہے کہ یہ احکام تا قیام شمس و قمر نافذ العمل ہوں گے''۔۔۔۔

سلطان کے جانشین بھی جمہوریت کے دلدادہ تھے اور کار ہائے آبپاشی سے بڑی دلچسپی رکھتے تھے۔ چناں چہ تالاب مان صاحب بھی اس کا ایک بیّن ثبوت ہے۔ ابراہیم دکن کا ایک عظیم الشان سلطان تھا اور عوام کی فلاح و بہبودی کے لیے اس نے جو کام انجام دیتے تھے وہ اس کی یاد کو دواماً تازہ رکھیں گے۔

سلاطین قطب شاہی میں ابراہیم قطب شاہ کا نام یادگار رہے گا۔ اپنے اپنے پیشرو سلاطین کے برعکس اس نے آبپاشی کی کافی سرپرستی کی اور اس لیے اس کو ''آبپاشی کا بادشاہ'' کہا جا سکتا ہے۔

ابراہیم کو اپنی رعایا بہت عزیز تھی وہ ان کو اپنے بچوں کی طرح سمجھتا تھا اور ان کی فلاح و بہبودی کے لیے وہ آب پاشی کے ذخائر زیادہ سے زیادہ تعداد میں تعمیر کرنے کا خواہش مند تھا۔ اس بادشاہ کے ذہن کی داد دینی پڑتی ہے کہ وہ منصوبہ بندی کے ساتھ کام کی تکمیل کرتا تھا۔ جس سے نہ صرف عوام کو بلکہ زراعت کو بھی فائدہ ہوتا تھا۔

آنند لکھنوی

پیارے لال آنند لکھنوی ۱۸۸۸ء عیسوی بمقام لکھنہ ضلع لدھیانہ میں پیدا ہوئے تھے۔ ان کی ابتدائی تعلیم ان کے والد مکرم کی آغوش شفقت میں ہوئی ان کو بھی شعر و سخن سے دلچسپی تھی۔ تخلص شفقتؔ تھا۔ فارسی کے جید عالم تھے۔

"آب حیات" کے لازوال مصنف مولانا محمد حسین آزاد کے رفقائے کار میں انھیں بھی امتیاز حاصل تھا۔ آنند صاحب کی درسی تعلیم کا زمانہ محدود رہا۔ کیوں کہ جس قصباتی ماحول میں وہ رہتے تھے۔ اس میں ان دنوں اعلا تعلیم کی طرف لوگوں کی توجہ نہ تھی، انھوں نے ذاتی مطالعہ سے اپنی معلومات میں اضافہ کیا۔

آنند صاحب کو شاعری کا شوق والد صاحب سے ملا تھا۔ دس سال کی عمر میں یہ چنگاری ان کے دل میں بھڑکی۔ قومی جذبہ فطرت کی طرف سے ودلیعت ہوا تھا۔ مزاج میں خودداری بھی بلا کی تھی۔ جب عملی زندگی میں داخل ہوئے تو سنہ ۱۹۰۰ء سے سنہ ۱۹۱۲ء تک مختلف تجارتی اداروں میں ملازمت کی، لیکن ہر جگہ خود کو آزادہ روی اور اصول پرستی کی قربان گاہ پر بھینٹ چڑھا دیا۔

آنند صاحب اپنی تحریری یادداشت کے مطابق اردو کے زندہ جاوید شاعر منشی درگا سہائے سرورؔ جہاں آبادی کے حلقہ تلمذ میں داخل ہوئے لیکن ان سے زیادہ فیض یاب نہ ہو سکے کیوں کہ سنہ ۱۹۱۱ء میں سرورؔ صاحب کا انتقال ہو گیا۔ اس کے بعد کسی کے سامنے زانوئے ادب تہ نہیں کیا۔

آنند صاحب کو اشاعت علم میں شروع سے ہی دلچسپی رہی ہے۔ ۱۹۱۴ء میں ان ہی کی کوششوں سے لکھنہ میں پی۔ اے۔ ایس ڈی پبلک اینگلو سنسکرت، مڈل اسکول جاری ہوا۔ عوام الناس کی متحدہ کوششوں سے یہ اسکول سنہ ۱۹۲۰ء میں ہائی اسکول ہو گیا۔ یہی اسکول سنہ ۱۹۲۶ء میں ڈگری کالج بن گیا۔

آنند صاحب نے کئی غزلیں کہیں مگر ان کا میدان "نظم" ہے۔ ان کی تمام عمر شعر کہتے گزری ہے اور ان کا کلام پنجاب اور اتر پردیش کے مختلف اخبارات

اور رسائل میں چھپتا بھی رہا۔ ان کی بعض نظمیں کان پور کے مشہور ادبی رسالہ "زمانہ" میں بھی چھپی ہیں۔

آنند صاحب جیسے شریف طبع اور سادہ انسان تھے ویسے ہی ان کا کلام بھی سادہ ہے۔ جذبات کی پاکیزگی ہر نظم میں موجود ہے۔ ظاہر ہے کہ انھوں نے کبھی پہلے اپنے متعلق غلط آمیز رائے قائم کی۔ اور نہ ہی وہ شاعر ہونے کا دعوے کرتے۔

آنند صاحب کا ذاتی مذہبی عقیدہ کچھ بھی تھا۔ وہ بیک وقت رام، کرشن، دیانند، جین منی آتمانند اور حضرت محمدؐ صاحب کا صرف احترام ہی نہیں کرتے بلکہ ان کے متعلق دل میں جذبۂ عقیدت بھی رکھتے تھے۔ اس سے زیادہ ان کی وسیع المشربی کا ثبوت اور کیا ہو سکتا ہے؟

آنند صاحب کی شخصیت اور اُن کے کلام کے شائقین اور مداح دیس پردیس کئی شہروں میں موجود تھے اور موجود ہیں۔

آنند صاحب کی ذاتی لائبریری میں متعدد کتابیں اور رسالے تھے۔

آنند صاحب نے متعدد عنوان کے تحت نظمیں لکھیں جن میں کنول، حسنِ فطرت، کنہیا، آکاش بانی، بیوہ، اے وطن، پیری، حقیقت حال، نوحۂ غم، نوحے، جاگو، سوچا، بسنت رُت، سچی بات، پیام رسول، فراق وطن، بہاریہ، سیاہی، رنگ بہار، کالی داس، مُول شنکر، جین منی آتمانند جی، جشن جمہور، آبھی جا، رہا ہونے پر، بھگوان کرشن سے، دورِ عذاب، ضعیف، نیا پنجاب، آنکھوں میں، جھانسی کی رانی، شردھا کے پھول وغیرہ قابلِ تعریف ہیں۔

آنند صاحب کی غزلوں کے کچھ اشعار ملاحظہ فرمائیں

ابھی کوئی دن اور آنند سیکھو
کہ آئے گی اُردُو زبان آتے آتے

★

سرزمینِ شعر پر اک مطلعِ تنویر ہوں
رُوحِ غالب کی ہے مجھ میں میں دماغِ میرؔ ہوں

★

اے گلِ خنداں چمن میں مسکرائے جا یونہی
مسکراہٹ ہے تیری یہ، راحتِ قلب و جگر

★

اپنا اپنا ہے مقدر اپنا اپنا ہے نصیب
شاد ہے آنندؔ دُنیا میں کوئی ناشاد ہے

★

آنندؔ زندگی بھر وہ کام کر کہ جس سے
آئے نہ فرق کوئی عزت میں آبرو میں

★

دلوں میں نورِ آزادی کی پھیلی روشنی جس سے
دلِ آنندؔ پروانہ ہے اُس شمعِ فروزاں کا

★

نگاہِ زیست کا رنگِ جمال دیکھ چکے
عروسِ مرگ کا اب انتظار باقی ہے

★

وطن کے کام آئی کام کی جو زندگانی تھی
رہے گی یاد تازہ تا ابد جھانسی کی رانی کی

★

باغِ عالم میں نزولِ رحمتِ باری ہے آج
عندلیبِ زار لیکن مائلِ فریاد ہے۔

★

بھاسکر!

بھاسکر آچاریہ جو دُنیا کے سب سے بڑے ریاضی دان تھا میسورا کے بیٹے تھے۔ ان کا جنم ۱۱۱۴ اے ڈی میں موجودہ بیدر یا بیجاپور میں ہوا تھا۔ انھوں نے ریاضی کے بارے میں ۳۶ سال کی عمر میں ہی اجین میں اپنی تھوریاں قائم کیں اور وہاں ہی ۷۱ سال کی عمر میں اس فانی دُنیا سے چل بسے۔

بھاسکر آچاریہ دُنیا کے پہلے ریاضی دان تھے جنھوں نے "صفر" اور "لاانتہائی" کے علم ریاضی سے متعلقہ پیچیدگیوں کو جو صفر کی تقسیم سے پیدا ہوئی کو سمجھا۔ بھاسکر نے خاص طور پر ۱۲ویں صدی اے ڈی میں کہا تھا کہ "کوئی بھی دوسرا ہندسہ جسے صفر سے تقسیم کیا جائے لاانتہائی یا بے حساب کی شکل اختیار کر جاتا ہے۔" مثال کے طور پر ۲۴/٥ کی قیمت لامحدود مقدار بن جاتی ہے یا ۲۴/٥ = ۲۴ ریاضی کے حساب سے پہلے یہ سمجھا جاتا تھا کہ لاانتہائی کو اگر تقسیم کیا جائے تو وہ لامحدود ہی رہتی ہے۔

جیسا کہ مساوات ظاہر کرتی ہے۔ ٥٥ = ۲۴/٥٥ ۔ بھاسکر نے لاانتہائی کی حاصل تقسیم کا نام مقرر رکھا اور اس کی مقدار کو "کھا"۔ ہرا کا نام دیا یا صفر کے ساتھ مقدار کو نسبتا کہا۔

علاوہ ازیں صفر رقم کو کیشیا جمع کرنے کے عمل کے برابر بناتا ہے۔ چاہیے اسے الٹ پلٹ کر کے دیکھا جائے، اسکا نتیجہ صفر میں آئے گا۔ کسی عدد کا صفر سے حاصل ضرب صفر ہی رہتا ہے۔ مگر اسے "کھاگنا" صفر کا ایسا عدد شمار کرنا ہوگا۔ جو دوسرے سے تقسیم ہو جائے۔

بشرطیکہ اسے مزید تقسیم کرنا ہو۔ اگر اس عدد میں صفر جمع کر دیا جائے یا اس میں سے تفریق کیا جائے تو وہ تبدیل نہ ہوگا۔

بھاسکر آچاریہ نے دُنیا میں بھارت کا نام اُونچا کر دیا۔ بھارت نے دُنیا کو صفر کا تصوّر دیا۔ جس کی بدولت آج سائنس ہو یا حساب یا کوئی دوسرا کام۔ صفر کا استعمال ایک ضروری ہندسہ بن گیا ہے۔ ایسے عظیم لوگوں کو اکثر یاد کیا ہی جاتا ہے اور اکثر یاد آتے ہیں۔

پنڈت میلارام وفا

پنڈت میلارام ۲۶ جنوری ۱۸۹۵ء کو موضع دیپوکے ضلع سیالکوٹ میں پیدا ہوئے ان کے والد کا نام پنڈت بھگت رام تھا۔ابتدائی لیسرور (ضلع سیالکوٹ) اور قلعہ صوبہ سنگھ میں حاصل کرنے کے بعد میلارام نے میٹرک کا امتحان سیالکوٹ کے اسکاٹش مشن ہائی اسکول سے ۱۹۱۲ء میں پاس کیا۔ پہلے ان کے بڑے بھائی پنڈت سنت رام شوق فارمن کرسچن کالج کے طالب علم بن کے لاہور پہنچے اور کالج کے بورڈنگ ہاؤس "نیوٹن ہال" میں رہنے لگے۔ شوق ایک خوش گلو نوجوان شاعر تھے اور خوش قسمتی سے انھیں ہم جماعت اور روم میٹ بھی اودے سنگھ شائق جیسا سخن فہم اور سخن نواز طالب علم ہی ملا تھا۔شوق کو دو سال بعد کسی اسکول میں ٹیچری کی ملازمت مل گئی اور وہ سلسلہ تعلیم منقطع کرکے چلے گئے۔ لیکن ان کی جگہ چھوٹے بھائی پنڈت میلارام وفا اسی کالج میں آ گئے اور اپنے بڑے بھائی کی مانند شائق کے ہم دم اور ہم نشیں بن گئے۔ان دونوں کی رفاقت نے آگے چل کر پنجاب کی ادبی زندگی کو بڑی رونق بخشی۔

پنڈت میلارام چند روز سنٹرل ریلوے آفس میں کام کرنے کے بعد روزنامہ "دیش" میں مترجم بن گئے۔اور پھر ۱۹۱۹ء تک روزنامہ "دیش" کے نائب مدیر رہے۔کچھ عرصہ "بندے ماترم" میں کام کرنے کے بعد وہ نیشنل کالج لاہور میں اردو، فارسی کے لیکچر مقرر ہو گئے۔ ۱۹۲۱ء میں وہ پھر بندے ماترم کے ایڈیٹر بن کر آ گئے اور ۱۹۲۲ء تک ایڈیٹر رہے۔ انھوں نے اپنا اخبار "بھارت" بھی نکالا اور پھر ۱۹۲۵ء میں روزنامہ بھیشم کے ایڈیٹر بنے جو پنڈت مدن موہن مالویہ کے زیر سرپرستی نکلتا تھا۔ ۱۹۲۶ء میں سیاسی اختلافات کی بنا پر انھوں نے استعفیٰ دے دیا لیکن اخبار کا چلنا مشکل ہو گیا چنانچہ انھیں واپس بلا لیا گیا اور ۱۹۲۹ء تک وہ اس کے ایڈیٹر رہے۔ اس کے بعد انھوں نے دیر بھارت کا رُخ کیا اور یہ انھی کی کوششوں کا نتیجہ تھا کہ ۱۹۳۱ء میں دیر بھارت بیک وقت لاہور اور سیالکوٹ سے چھپنے لگا۔ بعد ازاں انھوں نے اپنا اخبار "رہبر" نکالا۔ پنڈت میلارام وفا تقسیم وطن سے دل برداشت ہو کر لکھنؤ چلے گئے اور کچھ سال تک وہیں

رہے۔ گو کہ تقسیم وطن کے ناگوار حالات اور ترک وطن کے باعث ان کی طبیعت بے حد پریشان تھی۔ تاہم لکھنؤ کی ادبی فضا ان کو اور ان کی شاعرانہ طبیعت اہالیان لکھنو کو خوب راس لائی اور پھر ایک روز لکھنؤ ہی میں جشن وفا، کی تقریب منعقد ہوئی۔
لکھنؤ میں وفا صاحب کے زیر صدارت اکثر مشاعرے ہوتے تھے ایک مشاعرہ آزادی کے موضوع پر بھی ہوا۔ جس میں ایک مقامی شاعر کو اس شعر پر ؎

کاش ہم عدم تعاون پہلے ہی کر بیٹھتے

یوں نہ اپنا دھرم و ایماں طاق پر دھر بیٹھتے

بہت داد ملی لیکن وفا صاحب خاموش رہے۔ شاعر صاحب منتظر رہے کہ دیکھیں وفا صاحب اس قافیہ کو کس طرح نبھاتے ہیں۔ لیکن وفا کے شعر نے مشاعرہ لوٹ لیا۔ شعر تھا۔ ؎

تم نے کیوں تکلیف کی تم چین سے گھر بیٹھتے

خون اپنا ہم اگر کر بیٹھتے ۔ کر بیٹھتے

بعد ازاں وفا صاحب نے متعلقہ شاعر کو سمجھایا کہ اول تو آپ کے شعر کا شعر کا لفظ عدم بہ حرکت دال ہے نہ کہ بہ سکون دال۔ آپ نے اپنے شعر میں عدم کو بہ سکون دال باندھا ہے جو غلط ہے۔
دوسرا نقص شعر میں یہ تھا کہ عدم تعاون کی تحریک تو اچھی چیز تھی اور قابل تعریف تھی۔ لیکن شعر میں جو فعل "کر بیٹھتے" آپ نے استعمال کیا ہے وہ بڑے معنوں میں استعمال ہوتا ہے۔ جیسے "وہ ایک ایسی ذلیل حرکت کر بیٹھا تھا کہ عمر بھر اس کا خمیازہ بھگتتا رہا۔" عدم تعاون جیسی چیز کے لئے کر بیٹھنے کا فعل استعمال کرنا ٹھیک نہیں۔
پنڈت میلا رام وفا لالہ لاجپت رائے اور پنڈت مدن موہن مالویہ سے متاثر ہو کر سیاست میں آ گئے تھے۔ جلد ہی وہ انقلابی شاعر بن گئے۔

۱۶ ستمبر ۱۹۲۸ء کے روزنامہ "بھیشم" لاہور میں "سید حبیب اور بھائی پرمانند" کے عنوان سے وفا صاحب کی ایک سیاسی غزل چھپی۔ جس کے چند شعر ملاحظہ ہوں۔

پنجاب میں عیاں ہیں پھر آثار جنگ کے
کہتے تھے ایک دوست سے منشی نہال چند
الجھے گا بھائی ان پہ مقرر حبیب سے
مضمون بحث کا جو بنے ہیں سوال چند
سمجھیں پھر آپ خیر نہ نہرو سکیم کی
قسمت سے مل گئے جو انھیں ہم خیال چند
سید کہے گا خطرہ ہے مسلم مفاد کو
دے گا حوالے بھی بہ طریق مثال چند
بھائی کرے گا شور کہ بس جان لیجئے
اب ہستی ہنود ہے دنیا میں سال چند
مقصد یہ ہے مقاطعہ سائمن میں کل
ملنے نہ پائے دین محمد سے لال چند

قومی مفاد کے خلاف کوئی نظم یا مضمون ان کے اخبار میں جگہ نہ پا سکتا تھا۔۔ جن دنوں عظیم شہید بھگت سنگھ پر سانڈرس کے قتل کا مقدمہ چلایا جا رہا تھا۔ وفا صاحب نے "اے فرنگی" کے عنوان سے ایک نظم لکھی اور دو سال کے لئے جیل چلے گئے اپنے مقدمہ کی سماعت کے دوران بھی وہ انقلابی نظمیں لکھتے رہے اور فرنگی سطوت و جبروت سے کبھی خائف نہیں ہوئے۔ ۱۹۳۸ء میں انھوں نے ایک قومی ترانہ "ہندوستان ہمارا"

لکھا جس کے چند شعر ملاحظہ ہوں۔

برطانیہ سے کہہ دو، اب ذلّتِ غلامی
کرتے نہیں گوارا، ہندوستان ہمارا
برطانیہ سے کہہ دو، ہندوستان کے ہم ہیں
برطانیہ تمہارا، ہندوستان ہمارا
برطانیہ یہ تمہارا: ہندوستان ہمارا
بس چھوڑ دو خدارا ہندوستان ہمارا

ملک آزاد ہو جانے کے بعد پنڈت میلا رام وفا سہارنپور سے اپنا اخبار پنجاب میں نکالنے لگے اور پھر کانپور سے "امرت" نکالتے رہے۔ وہ پنجاب کی بزمِ سخن کے سرپرست اور یو۔پی اردو پریس کانفرنس کے صدر بھی رہے۔ ان کے کلام کے دو مجموعے شائع ہو چکے ہیں۔ سوزِ وطن ۱۹۴۱ء اور سنگِ میل ۱۹۵۹ء میں وفا کو نمود و نمائش کی قطعاً خواہش نہیں تھی۔ اس لیے یہ بات قابلِ اطمینان ہے کہ حکومت پنجاب نے ان کی ادبی خدمات کو سراہتے ہوئے انھیں "راج کوی" کا مرتبہ عطا کیا تھا۔

سید عابد علی عابد ایک رسالہ "ماہ نو" میں لکھتے ہیں کہ "........ادبی حلقے پنڈت میلا رام وفا کی شاعرانہ صلاحیتوں کے مداح تھے اور کہ ان کا کلام صحت زبان کا مرقع تھا۔ عابد صاحب نے ایک وفا کا شعر بھی اس مضمون میں درج کیا تھا۔" "خیالی ہوتی جاتی ہے، "جمالی ہوتی جاتی ہے" کی زمین کا شعر تھا۔

سے

وہ سُن کر حالِ فرقت ہوگا، ہوگا، کہتے جاتے ہیں
کہانی میری ماضی احتمالی ہوتی جاتی ہے

وفا صاحب کا اندازِ بیان بڑا شگفتہ، سہل اور دلاویز ہے۔ ان کی ادبی نگارشات اپنی صحت زبان اور موزوں الفاظ کے باعث بڑے بڑے نقادوں سے اپنا لوہا منوا چکے ہیں۔ مولانا ظفر علی خاں جیسے اقلیم سخن کے تاجدار نے ایسے ہی نہیں کہہ دیا تھا کہ

توڑتا ہے شاعری کی ٹانگ کیوں اے بے ہنر
شعر کہنے کا سلیقہ سیکھ میلا رام سے

اور یہ حقیقت بھی ہے کہ شعر کہنے کا سلیقہ پنڈت میلارام وفاؔ کو بدرجہ اتم حاصل تھا۔ اُن کے کلام میں داغؔ، مومنؔ اور میرؔ کے اثر کی جھلک ملتی ہے۔

ویسے وفاؔ، پنڈت راج نرائن ارمانؔ کے شاگرد تھے۔ علاوہ تاجورؔ نے سخن فہم اور سخن حضرات کو یکجا کرنے کے لیے انجمن ارباب علم، پنجاب کے نام سے ایک انجمن (۱۹۱۸ء تا ۱۹۲۸ء) کی بنا ڈالی۔ جس کے ایک اہم رکن پنڈت میلارام وفاؔ تھے۔ تاجورؔ، شائقؔ اور وفاؔ کی انتھک کوششوں کا نتیجہ یہ ہوا کہ اس ادارے سے منسلک ہونے کے لیے ہندوستان کے نامور شاعر جن میں جگرؔ مرادآبادی، سیماب اکبرآبادی، یاس یگانہ چنگیزی اور اصغر گونڈوی شامل تھے۔ لاہور چلے آئے۔ دوسری طرف اس انجمن کے مقابلے میں یار لوگوں نے "حلقۂ نیاز مندان لاہور" قائم کرلیا۔ جس میں حفیظ جالندھری، عبدالمجید سالک، محمد دین تاثیر اور پنڈت ہری چند اختر پیش پیش تھے۔ ان دونوں اداروں کے ادبی معرکے پنجاب کی تاریخ اُردو کا ایک حصہ ہیں۔ یہ معرکہ آرائیاں بڑی مفید ثابت ہوئیں اور شورش کاشمیری کے الفاظ میں "وہ اُردو جس کا سنگار دلی و لکھنؤ میں شاہی طنطنے کے رو بہ زوال ہوتے ہی لٹ گیا تھا۔ اسی خطہ پنجاب کی بدولت عروس اقتدار سے ہمکنار ہوئی۔"

اُردو کے عظیم شاعر اور صحافی وفاؔ صاحب ۲۸ ستمبر ۱۹۸۰ء کو ہماری نظروں سے ہمیشہ کے لئے اوجھل ہو گئے۔ لیکن ان کا نام جب کبھی زبان پر آئے گا تو "اتحاد ثلاثہ" کی یاد آجائے گی۔ وفاؔ نے اُردو زبان اور قوم کے ساتھ ہمیشہ وفا ہی کی۔

ٹھاکر پونچھی

ان کا اصلی نام سوہن لال تھا لیکن مشہور جگن ناتھ کے نام سے ہوئے۔ وہ پونچھ کے ایک راجپوت خاندان میں ۳۱ر دسمبر ۱۹۲۲ء کو پیدا ہوئے۔ پونچھ اس زمانے میں ریاست جموں و کشمیر کی ذیلی یا جگزار ریاست تھی۔ ان کے والد بابو بھیم سین کو ورزشی کھیلوں، خاص کر لولوا ور نیزہ بازی میں خاص مہارت حاصل تھی۔ اسی باعث وہ راجا صاحب پونچھ کے بڑے چہیتے اور منہ چڑھے تھے اور اس کے باوجود کہ سرکاری طور پر محض ریاست کے محکمۂ حسابات میں ملازم تھے، راجا صاحب موصوف کی نجی محفلوں میں بھی برابر شریک رہتے تھے۔ شاید حکمران خاندان سے دور نزدیک کی کچھ رشتے داری بھی ہو۔ غرض ٹھاکر پونچھی بھی بچپن سے محل میں آنے جانے لگے اور ان کی تربیت اچھے مرفہ الحال طبقے کے ڈھنگ پر ہوئی۔ پھر جب تعلیم کا زمانہ آیا تو اول انھیں مقامی وکٹوریہ جوبلی اسکول میں اور بعد کو تکمیل کے لیے پرنس آف ویلز کالج (حال گاندھی میموریل کالج جموں) میں بھیجا گیا۔ جہاں سے انھوں نے بی اے کی سند لی۔

تعلیم ختم کرنے کے بعد ٹھاکر پونچھی محکمۂ سول سپلائی میں ملازم رہے۔ لیکن ان کی طبیعت کی جولانی کے لیے یہ میدان بہت تنگ تھا۔ وہ محض کلرکی اور بے عملی کی زندگی پر قانع نہیں رہ سکتے تھے۔ مشہور ہے کہ بچپن میں وہ گلی محلے کے بچوں کو ساتھ لیکر ڈرامے کھیلا کرتے تھے اور سب لوگ انھیں "جھنیدار" کے نام سے پکارتے تھے۔ اس سے ان کے مزاج کے رجحان کا پتا چلتا ہے۔ وہ واقعی علمی اور ادبی صلاحیتیں لے کر آئے تھے۔ چناں چہ سول سپلائی کے محکمے سے دل اچاٹ ہوگیا تو ۱۹۴۸ء میں دلی چلے گئے۔ یہاں جلد ہی آل انڈیا ریڈیو میں ملازمت مل گئی۔ وہ ڈوگری نیوز سروس میں سب ایڈیٹر مقرر ہوئے تھے۔ دلی اس زمانے میں پنجاب سے آئے ہوئے پناہ گزینوں سے پٹی پڑی تھی۔ یہ لوگ جو بھوکے ننگے جان بچا کر یہاں آئے تھے اور جن کے پاس سر چھپانے کے لیے آسمان کی چھت کے سوائے ٹھکانا نہیں تھا، ہر طرح کی مدد کے مستحق اور طلبگار تھے۔ ٹھاکر پونچھی نے کچھ اور فن کاروں کے تعاون سے ڈرامے کھیلے اور پروگرام بنائے۔ جن کی آمدنی انھوں نے

شرنارتھی ریلیف فنڈ میں پیش کردی۔ اس کے لیے کچھ ڈرامے بھی لکھے تھے۔

دلی میں وہ دسمبر ۱۹۷۱ء تک رہے اس کے بعد اسی عہدے پر جموں ریڈیو اسٹیشن میں تبادلہ ہوگیا۔ انھوں نے خاص طور پر ڈوگری علم و ادب اور کلچر کے فروغ میں نمایاں کام کیا وہ جموں و کشمیر کلچرل اکادمی کے بھی رکن تھے۔ انھوں نے اپنی زندگی افسانہ نویسی سے شروع کی تھی۔ ان کا پہلا افسانہ "خانہ بدوش" تھا جو ۱۹۵۰ء میں ہفتہ وار "ایشیا" بمبئی میں چھپا۔ ۲۴ برس بعد اپنی موت تک انھوں نے کوئی دو درجن ناول اور افسانوں کے تین مجموعے شائع کیے۔ ان کے بعض ناولوں اور افسانوں کا ملک کی دوسری زبانوں مثلاً بنگالی۔ پنجابی۔ ملیالم۔ ہندی میں بھی ترجمہ ہوا۔ ان کے چند ناولوں کے نام یوں ہیں۔ ڈیڈی، وادیاں اور ویرانے، رات کے گھونگھٹ، شمع ہر رنگ میں جلتی ہے، زلف کے سر ہونے تک، چاندنی کے سایے، پت جھڑ کے بچھڑے، بھنور وغیرہ۔ زندگی کی دوڑ، چناروں کے چاند، آدھے چاند کی رات افسانوں کے مجموعے ہیں۔

زندگی کے آخری ایام میں انھوں نے ایک نیا ناول لکھنا شروع کیا تھا "اب میں وہاں نہیں رہتا"

اسے انھوں نے ۱۴ اگست ۱۹۷۴ء کو مکمل کیا اور آخری صفحے پر یہ لفظ لکھے۔

"اہنسا پرمو دھرما"

"پرنام"

"سلام"

"خدا حافظ"

"سب کچھ دور ہے۔ سب کچھ پاس ہے۔ صرف احساس کی بات ہے۔"

یہ آخری لفظ لکھ کر وہ سہ پہر کو میز سے اٹھے اور دفتر سے باہر کچھ کھانے پینے کے لیے گئے۔ سڑک پر پہنچے ہی تھے کہ ایک تیز آئی جیپ ان سے ٹکرا گئی۔ دماغ کو ضرب شدید آئی جس سے بے ہوش ہو گئے۔ بے ہوشی کے عالم میں ۱۶ اگست ۱۹۷۴ء صبح طائر روح قفس عنصری سے پرواز کر گئی۔ موت سے کوئی تین مہینے پہلے انھوں نے "کہانی ختم، قصہ ختم" کے الفاظ کو اپنا تکیہ بنالیا تھا۔

ٹھاکر پونچھی ہر کسی کے دوست، ہمدرد اور غمخوار تھے۔ ان کے جنازے کے ساتھ زندگی کے ہر شعبے سے تعلق رکھنے والے لوگوں کا جو ہجوم تھا اس سے اندازہ ہوتا تھا کہ وہ کتنے مقبول اور ہر دل عزیز تھے ایسے عظیم ادیب اور ہمدرد انسان کو بھول جانا بہت مشکل ہوتا ہے اگرچہ وہ یاد آتے رہتے ہیں۔

ٹھاکر رگھوناتھ سنگھ

بقول تارا سمیال پوری، "ڈوگروں کی زبان میٹھی اور قابلِ پرستش ہے۔ قوم ایک خزانہ ہے۔ ہیروں کی کان ہے۔ ان اوصاف کے باوجود ڈوگرے کیوں پچھڑ گئے ہیں؟ کیوں کہ وہ کٹر خیالات کے اور توہم پرست ہیں اور اُنھیں قسمیں کھانے کی عادت ہے۔"

جموں سے چالیس کلومیٹر دور شیٹیوں کے شہر (سانبہ) میں ایک زمیندار کے گھر ۱۸۸۵ء میں رگھوناتھ سنگھ کا جنم ہوا۔ تحصیل علم کے بعد ٹھاکر صاحب اسکول ماسٹر بن گئے۔ اسکول ماسٹری کو الوداع کیا اور محکمہ مال میں کلرک بنے۔ ترقی کرتے کرتے وہ عہدہ تحصیلداری تک پہنچ گئے۔

سانبہ کا یہ نوجوان ڈوگرہ علم وادب کا شوقین تھا۔ تحصیلدار کی حیثیت سے جب وہ گلگت میں اپنے ملک کی خدمت ختم کر رہے تھے تو انھوں نے پالی زبان کے کئی قلمی نسخے برآمد کئے اور شینا زبان کی ایک مختصر گرامر بھی تیار کر لی۔

ٹھاکر صاحب ایک مضبوط شخصیت کے مالک تھے۔ وہ گنے مانے خیالات کے ماننے والے تھے۔ ان کی نظروں سے اُن کے خیالات اور شخصیت مترشح (امید رکھنے والا) ہوتی ہے۔ چاہیے کوئی ان سے ہمیشہ اتفاق نہ کرے۔ لیکن ان کا اسلوب بیان بڑا تیکھا اور زوردار تھا۔ جو اُن کی مضبوط شخصیت کی عکاسی کرتا تھا۔

ٹھاکر صاحب انتہائی صاف گو تھے اور اپنی ذات تک ہی محدود رہنا پسند کرتے تھے۔ وہ اُن نوجوان شعرا کو دیکھتے جو اپنے مادر وطن اور مادری زبان، ڈوگری کی خدمت کرتے تو اُن کی تعریف کئے بغیر نہ رہ سکتے۔ ٹھاکر صاحب کے دل میں بھی امنگ پیدا ہوئی اور انھوں نے ڈگرا اور ڈوگری کی تعریفی نظمیں لکھیں اور ایسی نظمیں بھی لکھیں جن میں ڈوگروں کے توہمات فضول رسوم ورواجات۔ بے جا فیشن پرستی اور تعلیم ونظم ونسق کے گمراہ کن اطوار پر ملامت بھی کی ہے۔

ٹھاکر صاحب ایک اصلاح کرنے والے تھے۔ وہ سماجی مسائل کے تئیں ذاتیات اور خود پسندی کا ساتھ نہیں چھوڑتے تھے۔ اُن کی شاعری کٹر خیالات اور قدامت پسندی کی روادار ہے۔

تارا سپیاں پوری اپنی کتاب اُردو نما میں لکھتے ہیں۔" ٹھاکر رگھوناتھ سنگھ نے ڈوگروں اور ڈوگری کو خراج تحسین نذر کیا ہے۔ ان کا سٹائل بہت ہی شدید نوعیت کا ہے۔ ڈوگرے عمل اور فرض کا مجسمہ ہیں۔

وہ ریشم سے بھی زیادہ ملائم ہیں۔ لیکن میدان کارزار میں وہ آگ کی طرح گرم ہو سکتے ہیں"۔ ۔ ۔ ۔

ٹھاکر صاحب عموماً ان مضامین پر لکھتے ہیں جن کا تعلق وقت کے تقاضوں کے ساتھ ہو۔ وہ اپنی برادری میں فن اور ادب کے تئیں بڑھتی ہوئی بے اعتنائی سے سراسیمہ دکھائی دیتے ہیں۔

کوی رتن گلی وچ رُلدا بے قدریں دے محلے
رنگ شکل گن پرکھن کیاں عقل نہیں جندے پلے

(آرٹ اور اَدب کی قدر نہ کرنے والوں کے محلے کوئی رتن (اصلی شاعر) کی کوئی قدر و منزلت نہیں۔ وہ لوگ حسن، اوصاف اور تدبّر کی پرکھ کیسے کر سکتے ہیں۔ جن کے پاس عقل کا فقدان ہے)

ٹھاکر صاحب کا ڈوگری میں گیتا کا منظوم ترجمہ اَدب کو ان کی ایک اور دین ہے۔ یہ ترجمہ ہندی زبان کے ایک منظوم ترجمے سے کیا گیا ہے۔ کیوں کہ ٹھاکر صاحب خود سنسکرت نہیں جانتے تھے۔

بقول ڈاکٹر سدھیشور ورما، "کہ اس ترجمے میں کچھ لسانی نقائص پائے جاتے ہیں"۔ ۔ ۔ ۔ ۔

ٹھاکر صاحب کی نظم" اندے کولا چھڑکو" (ان بدعتوں سے چھٹکارا حاصل کرو) سے صاف عیاں ہے کہ سماجی رسوم کو پورا کرنے کی جھوٹی شان حالات

کو ادرابتر کردیتی ہے۔

اسی طرح ایک نظم "منتوشاہ (سودخوار) میں لکھتے ہیں کہ شاہ قرض دار کا گلا پکڑے رکھتا ہے کیوں کہ اُس نے اپنے باپ کی برسی مناتے کے لئے رقم ادھار لی اور جب تک وہ زندہ رہے سود دیتا ہی رہتا ہے۔

پربھات (صبح صادق) کے عنوان کی نظم میں اگرچہ اُس مُفلس کی درد ناک تفسیر درج ہے جو کسی کینے اور اس ملک میں پائی جاتی ہے۔

اپنی نظم "کرشن لیلا" میں وہ روحانی مضامین کا تذکرہ بھی کرتے ہیں عالم کی اس بحر فوقار میں پار اترنا مشکل ہے انسان من روپی ناؤ کا ہی سہارا لے کر ساحل کو پالیتا ہے۔

ٹھاکر صاحب نے ڈوگری زبان سے متعلق خیالات بھی ظاہر کئے ہیں اور اس زبان کو حسین پیرایے میں خراج تحسین پیش کیا ہے۔

"مالی" جیسے دنیاوی اور عام فہم موضوعات پر بھی انھوں نے خامہ فرسائی کی ہے۔

ٹھاکر صاحب نے گیتا کا ترجمہ ڈوگری میں کرکے، اس زبان کو مالا مال بنانے کی نئی راہیں روشن کیں۔ ڈوگری کے سرمایہ الفاظ میں اضافہ کیا۔ انھوں نے ڈوگری تلمیات و محاورات کو اپنے صحیح معنوں میں استعمال کیا۔

ٹھاکر صاحب میں شاعرانہ زبان اُن کی صلاحیت، ڈوگری کا بامحاورہ استعمال گیتا کا ڈوگری ترجمہ ان کے ایسے کارنامے ہیں۔ جن کی بدولت ڈوگری شاعری میں انھوں نے اپنا ایک مقام بنالیا ہے۔

۷۸ سال کی عمر گزارنے کے بعد ٹھاکر رگھوناتھ سنگھ سمیال صاحب ۱۹۶۲ء میں مختصر سی علالت کے بعد اس فانی دُنیا کو الوداع کہہ گئے۔

ٹھاکر صاحب انفرادیت پسند اور خود پسند انسان تھے۔ اس قسم کے انسان دُنیا میں بڑے کم پیدا ہوتے ہیں۔

جگر بریلوی

ہزار رنگ کے دل سے رہے ہیں راز و نیاز

کہیں کہیں سے سناتا ہوں داستاں اپنی "

شام موہن لال جگر بریلوی کی شخصیت فطرت اور ماحول کی الجھی فرسودگیوں کا دلچسپ مرقع ہے جس کے بارے میں جناب ڈاکٹر گوپی چند نارنگ صاحب فرماتے ہیں کہ "خاندانی وجاہت اور وقار، جس کا انھیں شروع سے گہرا احساس دلایا گیا تھا، ریت کی دلوار ثابت ہو رہا تھا۔ خاندانی جھگڑوں اور تنازعوں سے نہ صرف جائیداد ٹھکانے لگ گئی۔ بلکہ نوبت یہاں تک پہنچی، کہ مخالفین نے ان کے نام وارنٹ گرفتاری جاری بھی کروائے" - - - - -

جگر صاحب فرماتے ہیں کہ "کسی کے کلام میں دو باتیں دیکھنے کی ہوتی ہیں۔ کیا کہا اور کس انداز سے کہا گیا ہے ــــــ دونوں نہایت وسیع بحث کی طالب ہیں۔ میں صرف پہلی بات کو لیتا ہوں، یعنی میں نے کیا کہا۔ دوسری بات ایک جملے میں ختم ہے۔ اگر انداز میں اثر ہے تو سب کچھ ہے۔ اس کا اثر کا اندازہ دوسرے لوگ کر سکتے ہیں شاعر کو تو اپنا کلام اچھا ہی لگتا ہے "۔

جگر بریلوی کے فلسفہ حیات میں بنیادی حیثیت کا غم ہے۔ ان کو زندگی میں روز سیاہ سے سابقہ رہا۔ انھوں نے نائب تحصیل دار سے ملازمت شروع کی تھی۔ کم و بیش پچیس سال بعد بھی نائب تحصیلداری پنشن لی۔ ابتدا میں ان کو بڑا ارمان ڈپٹی کلکٹر ہونے کا تھا۔ شروع کے کچھ سالوں میں امید تھی کہ خواب سچا ہونے والا ہے۔ حکام خوش، ماتحت ان سے زیادہ خوش، اہل معاملہ اور پبلک سب سے زیادہ مطمئن مگر نائب تحصیلداری سے ہی ریٹائر ہونا پڑا۔

جگر بریلوی کی زندگی میں کوئی شوق پورا نہ ہو سکا۔ ان کو بچپن سے ہی کھیلوں سے بڑی دلچسپی تھی اس کے علاوہ گانے بجانے کا شوق تھا۔ 1917ء میں ستار اور طبلہ سیکھنا شروع کیا۔ لیکن کچھ دنوں کے بعد منجھلے بھائی کی موت کی وجہ سے

ان کا گانا بجانا منحوس ہو گیا۔

قسمت سے داغ سفید ہے اس کو کیا کریں
خون جگر میں رنگ بہت تھے بہار کے

جگر بریلوی کسی کا دکھ برداشت نہیں کر سکتے تھے۔ انھوں نے ایک بار رومیو جولیٹ کا تماشا دیکھا۔ اس کے آخری سین میں جولیٹ کی قبر کھودنے کے بعد اس کی صورت دیکھ کر جب رومیو نے گانا شروع کیا۔ تو جگر وہیں پھوٹ پھوٹ کر رونے لگے۔ اس کے بعد مدتوں تھیٹر دیکھنے کی ہمت نہ ہوئی۔

پپیہے نے "پی کہاں" کا نعرہ بلند کیا۔ "پی کہاں" کی رٹ نے تڑپا دیا۔ سینے میں آگ لگا دی۔ ایک دم جوش میں آکر جگر صاحب نے نئے دور کی نظم کی ابتدا کی۔

سامنے پیپل کی ٹہنی پہ یہ بیٹھا آکے کون... دیتا ہے آواز کس کو دور سے چلا کے کون
نالہ کش ہے فرقت دلبر کا صدمہ پاکے کون... پی کہاں رٹتا ہے تنہائی سے یوں گھبرا کے کون

شعر گوئی کے ساتھ ساتھ جگر کو لکھنے کا بھی شوق تھا۔ ان کی تصنیفات و تالیفات میں اردو اور ہنود، یار رفتگان، بہار جاوداں، صحت زبان، نور و سرور، پیام ساوتری، اسرار وغیرہ کافی مشہور اور مقبول ہیں۔

جگر کہتے ہیں کہ "میں ارادتاً شاعر نہیں ہوں، قدرت نے مجھے جبراً شاعر بنا دیا ہے۔ خدا گواہ ہے میں نے شعر نہیں کہا۔ کسی نے بے اختیار کہہ دیا ہے۔"

ایک جگہ جگر صاحب لکھتے ہیں کہ "ان کی روح میں ایک جوش تھا جو اُبل نکلا۔ خم میں ایک شراب تھی جو خود بخود چھلک پڑی اس جوش میں غزل کا پودا اگا بڑھا اور پھولا پھلا۔ اس شراب سے اس کی آبیاری ہوئی شروع ہی سے قافیہ پیمائی سے مجھے پرہیز رہا۔ غور و فکر غوطے پر غوطہ لگاتا تھا کہ طبیعت کی پسندی کا موتی نکالے۔ موضوعات میں عقاید و خیالات ہیں اور کیفیات قلب بکل سے صرف سانچے کا کام لیا گیا ہے۔"

کہتے اسے محبت جب زہر غم اُتر جائے
شربت کا گھونٹ جیسے شدّت کی تشنگی میں

جگر بریلوی صاحب نے ہر موضوع پر طبع آزمائی کی ہے مثلاً عقل و شعور، یقین، خودی و بیخودی، تصور، بُت پرستی، دوزخ و جنت، جزا و سزا، حسن و عشق، ہجر و وصل، ظاہری و باطنی، مُرشد کامل، سکوت وغیرہ۔

بُت پرستی کس عالم میں نہ چھوٹی ہم سے
ہر تصور میرا تصور بداماں نکلا۔

حبہ خاتون

چار سو سال سے کچھ زیادہ وقت گزرا ہے۔ پانپور (کشمیر) کے جنوب مشرق میں تقریباً ۴ کلومیٹر کے فیصد ژندہ ہار کے گاؤں میں ایک زمیندار رہتا تھا۔ اس کا نام عبدی راتھر تھا۔ عبدی راتھر کے گھر میں ایک لڑکی نے جنم لیا۔ وہ بڑی خوبصورت اور پیاری بچی تھی۔ ماں باپ نے اُس کا نام "زون" رکھا۔ "زون" کشیری زبان کا ایک لفظ ہے۔ جس کے معنی ہیں۔ "چاند"

زون پانچ سال کی تھی تو عبدی راتھر نے اسے کو ژندہ ہار کے ایک ملّا کے پاس تعلیم حاصل کرنے کے لیے بھیجا۔ زون نے دو سال میں قرآن شریف پڑھ لیا۔ سات سال کی بچی نے سارا قرآن شریف پڑھ لیا اور فارسی کی کتابیں بھی ساتھ ہی ساتھ پڑھ لیں۔ اس طرح دو تین سال کے اندر زون نے اپنی عمر کے مقابلے میں بہت کچھ سیکھ لیا۔ جب زون اونچی آواز سے قرآن شریف پڑھا کرتی تھی، تو راہ چلتے لوگ، رک جاتے اور اس کی پیاری آواز سنتے رہتے،

زون کے باپ کو یہ خوف سا لگا رہتا کہ کہیں زون اس کے لیے مشکلیں پیدا نہ کر دے۔

زون کے باپ نے ایک نوجوان، تندرست لیکن اَن پڑھ اور جاہل کے ساتھ شادی کر دی۔ زون خوب صورت تھی مگر اس کا خاوند اس سے نفرت کرتا تھا۔ نفرت کی وجہ زون کی خوبیاں تھیں۔ وہ اپنے خاوند کی گالیاں، مار پیٹ یعنی کہ ہر قسم کے ظلم برداشت کرتی تھی۔

خاوند تو خاوند ساس سُسر کا سلوک بھی اُس سے بہت بُرا تھا۔ ساس تو اس کو یہاں تک طعنے دیتی کہ اگر تمہیں کتابوں سے پیار ہے۔ کام کاج نہیں کرنا چاہتی تو کسی مولوی یا ملّا کے گھر کیوں نہیں جاتی۔ یہاں کیوں آئی تھی؟

زون سب کے ظلم اس امید پر کرتی تھی کہ "صبر کا پھل میٹھا رہتا ہے"۔ اُس نے کتابوں کو چھوڑ کر کھیتی باڑی کی طرف توجہ دینا شروع کر دی۔ اُس کے

باوجود بھی اس پر بڑے ظلم ڈھائے جاتے تھے۔ اس نے کشمیری زبان میں شاعری شروع کی اور سب سے پہلے سسرال کی تکلیفوں کا ذکر کیا۔ اس کی ایک غزل کا مطلب یوں ہے"۔

اے میرے میکے والو! میں سسرال میں خوش نہیں ہوں، سسرال والوں کے ساتھ میری بنتی ہی نہیں۔ میری خبر لو! میرا کچھ انتظام کرو۔"

وہ اپنی پیاری آواز میں گاؤں کی ہم عمر لڑکیوں کو اپنی غزلیں سُنایا کرتی تھی ایک دن وہ حضرت خواجہ مسعود کے پاس گئی وہ پانپور میں ایک بہت ہی مشہور، نیک خدا دوست انسان تھے۔ اس نے سارا دُکھڑا خواجہ صاحب کو سنایا۔ خواجہ صاحب نے اُس کے کشمیری شعر بھی سُنے۔ خواجہ صاحب زون پر بہت خوش ہوئے اور اُنھوں نے فرمایا کہ " تم محبت کی بھوکی ہو۔ محبت ہی تمہاری منزل ہے۔ تمہاری روح محبت کیلئے بے چین ہے۔ تم سر سے پانو تک محبت ہو۔ تمہارا نام زون تو اچھا ہے۔ بل کہ تمہارے اندر بھی محبت کی چاندنی جھلکتی ہے۔ ہم تمہارا نام زون نہیں۔ "حبہ خاتون" رکھتے ہیں۔ تم بے فکر رہو۔ تمہیں محبت ملے گی۔ تمہاری مصیبت کا زمانہ جلدی ہی ختم ہو جائے گا۔ تمہارے سر پر تاج ہوگا۔ اور ایک روشن ستارہ بن کر چمکو گی۔"

ایک دن حبہ خاتون اپنی کچھ سہیلیوں کے ساتھ کھیت میں گوڈی کر رہی تھی۔ کام کے ساتھ ساتھ، اپنی سریلی آواز میں گانا گا بھی رہی تھی۔ اُس کی سریلی آواز سُن کر ایک خوبصورت شکاری اُدھر آنکلا۔ وہ شکاری شاہزادہ یوسف شاہ چک تھا۔ یہاں اُسکو دیکھ کر بھاگ گئی۔ شاہزادہ نے اس گوڈری کے لعل کو محل زینت بنانے کا سوچ لیا۔

یوسف شاہ نے حبہ خاتون کے خاوند کو روپے دیئے اور اس سے طلاق دلوادی۔ حبہ خاتون گاؤں چھوڑ کر یوسف شاہ کے محل میں آگئی۔ اس وقت حبہ خاتون کی عمر اٹھارہ، انیس سال کی تھی۔ اور یوسف شاہ چک کی ۲۹ سال۔ خواجہ صاحب نے جو بات حبہ خاتون کے لیے کہی تھی وہ بلکل سچ نکلی۔

حبہ خاتون یوسف شاہ کی کچھ باتوں کو پسند نہیں کرتی تھی وہ چاہتی کہ وہ اُنھیں چھوڑ دے۔ خاص کر یوسف شاہ کو رنگ رلیوں میں ہی دن رات ایک کر دینا۔" ہر وقت عیاشی اور دل بہلاوے کی ترکیبیں سوچانا" حبہ خاتون" ان میں اس کا ساتھ نہ دیتی۔ وہ اُس کو سمجھاتی بھی تھی مگر یوسف شاہ اپنا وعدہ کبھی پورا نہ کرتا۔

یوسف کا باپ علی خاں ایک جنگ میں مارا گیا تو یوسف شاہ (۱۵۷۹) کو بادشاہ بنا۔ حبہ خاتون اکثر اُس کو سمجھایا کرتی کہ" بادشاہ کو چاہیے کہ وہ اپنا

فرض پورا کرتا رہے اور ملک کے انتظام کی طرف دھیان دے۔

حبہ خاتون کی باتوں پر دھیان نہ دینے کی وجہ سے یوسف شاہ کو تاج و تخت چھوڑ کر بھاگنا پڑا اور تاج سید مبارک شاہ بیہقی نے پہن لیا۔ سید مبارک شاہ، یوسف شاہ کا ایک بہادر سپاہی اور ساتھی تھا۔ وہ پاک باز تھا۔ وہ یوسف شاہ کی حرکتیں نہ دیکھ سکا۔ سرکاری کاموں سے الگ ہو گیا۔ اور عبادت میں مشغول ہو گیا۔ ابھی یوسف شاہ کو حکومت کرتے ہوئے ایک سال بھی نہ گزرا تھا کہ ملک میں ابتری اور بدنظمی پھیل گئی۔ حبہ خاتون نے اپنے شوہر کے انجام سے گھبرا کر سید مبارک شاہ بیہقی کو پیغام بھیجا۔ اُس نے بادشاہ کو بہت سمجھایا مگر یوسف شاہ چک کے کان پر جوں نہ رینگی۔

حبہ خاتون چاہتی تھی کہ بادشاہ اپنی رعایا کا اچھی طرح خیال رکھے مگر ایسا نہ ہوا چھ ماہ اور ڈیڑھ دن ہی گزرے تھے کہ سید مبارک شاہ کی جگہ یوسف شاہ کا چچیرا بھائی لوہر خاں تخت پر بیٹھا۔ اُس نے ایک سال اور ایک ماہ تک حکومت کی حبہ خاتون پر بھی بہت مشکل وقت آ گیا۔ وہ بھاگ کر کشتواڑ چلی گئی۔ جب ۱۵۸۱ء میں یوسف شاہ پھر کشمیر کا بادشاہ بن گیا۔ تو حبہ خاتون بھی کشمیر چلی آئی۔

اب یوسف شاہ چک بدل چکا تھا اور پاک و صاف زندگی گزار رہا تھا۔ حبہ خاتون نے اب ملک کے کاموں میں بادشاہ کا ہاتھ بٹانا شروع کیا۔ مشکل سے مشکل کام میں بادشاہ کو مشورہ دیا کرتی اور حل بتاتی تھی۔

حبہ خاتون کی زندگی کا خوشگوار دور لگ بھگ تیرہ سال تک رہا۔ کہا جاتا ہے کہ "گل مرگ" کا نام حبہ خاتون ہی نے رکھا تھا۔

کچھ عرصے کے بعد اکبر کے سپہ سالار بھگوان داس نے کشمیر پر چڑھائی کی مگر حبہ خاتون کی صلاح سے یوسف شاہ نے مقابلہ کیا اور پچاس ہزار مغل فوج کو ناکام ہونا پڑا۔

کچھ ہی عرصے کے بعد ایک خط اکبر کی طرف سے یوسف شاہ کو ملا۔ تو یوسف شاہ نے فیصلہ کر لیا کہ وہ اکبر سے خود مل کر بات کرے گا۔ اس کا نتیجہ یہ ہوا کہ بھگوان داس نے یوسف شاہ کے کچھ آدمیوں کو ساتھ پہلے ہی ملا یا ہوا تھا اور دھوکے سے یوسف شاہ کو قیدی بنا لیا گیا۔

حبہ خاتون کو جب یہ معلوم ہوا کہ یوسف شاہ چک دشمن کے قبضے میں چلا گیا تو

اُس نے فقیروں کی طرح کپڑے پہنے، محل کی آسائش اور راحت چھوڑ دی اور پانده چھوک میں ایک درخت کے سائے میں گھاس پھوس کی جھونپڑی بنالی۔ وہیں رہنے لگی۔

اس نے یوسف شاہ کی غیر حاضری میں سنیاس اختیار کیا۔ اُدھر بادشاہ اکبر نے یوسف شاہ کو کشمیر آنے کی اجازت نہ دی اور اُسے بنگال روانہ کردیا۔ اس بات کا درد دُکھ حبہ خاتون کو ہوا۔ اس کے بعد حبہ خاتون کو پتا چلا کہ یوسف شاہ چک کی بنگال میں موت ہوگئی۔ تو حبہ خاتون پر دیوانگی سی چھا گئی۔ اس کے بعد اس کو نہ اپنی سُدھ رہی اور نہ ہی دُنیا کی۔

پانتہ چھوک کے رہنے والوں نے اس کی منت زاری کی وہ جھونپڑی کو چھوڑ کر کسی اچھے سے مکان میں رہے۔ لیکن اس نے ایک نہ مانی۔ وہ دن رات خدا کی یاد میں مشغول رہتی۔ کبھی کبھی درد بھرے شعر کہا کرتی۔ گاؤں کے لوگ اُس کی بڑی عزت کرتے تھے۔ اسی جھونپڑی میں ۱۶۰۶ء میں وہ اس دُنیا سے چل بسی۔

حبہ خاتون کو یہ فانی دُنیا چھوڑے ہوئے ۳۸۴ سال ہو چکے ہیں۔ مگر کشمیر میں للہ ایشوری کے بعد حبہ خاتون پیدا ہوئی۔ جس نے کشمیری زبان میں کشمیری موسیقی کو ترقی دی۔ اس نے کشمیری زبان میں شاعری کی کیوں کہ لوگ اسی زبان کو سمجھتے اور بولتے تھے۔ اس کے شعر، آج بچے کیا بوڑھے، مرد کیا عورتیں بھی بڑے شوق سے گاتے ہیں۔ ، کھلیانوں میں شادی اور میلوں پر اُس کے گانے گائے جاتے ہیں۔ وہ ایسا کام کرگئی ہے جس کو رہتی دُنیا تک اس کا نام زندہ رہے گا۔

سرینگر سے آٹھ میل دور زعفران یا کیسر کا گھر ہے پانپور۔ اُس میں کشمیر کی ملکہ حبہ خاتون۔

حمید عظیم آبادی

عبدالمجید کی ولادت یکم رمضان المبارک ۱۳۱۴ھ ۱۸ فروری ۱۸۹۶ء عظیم آباد کے محلہ لودی کٹرہ میں ہوئی۔ آپ نے ۱۹۱۵ء میں میٹرک فرسٹ ڈویژن میں پاس کیا۔ والد کے انتقال کے باعث کالج کی تعلیم کا سلسلہ منقطع ہو گیا لیکن مطالعہ کا سلسلہ برابر جاری رہا۔

آپ اپنے وقت کے بہترین اسپورٹس مین بھی تھے اور فٹ بال کے بہترین کھلاڑیوں میں آپ کا شمار ہوتا تھا۔ آپ کو حضرت شاہ رشید الحق رحمۃ اللہ علیہ سجادہ نشین خانقاہ عمادیہ منگل تالاب پٹنہ سیٹی سے شرف بیعت حاصل تھا اور یہ انھیں کا فیض تھا کہ آخری وقت تک صوم و صلوٰۃ اور وظائف و اوراد کے پابند رہے۔

۱۹۱۳ء سے شعر کہنا شروع کیا اور تین برس تک ڈاکٹر مبارک عظیم آبادی مرحوم شاگرد حضرت داغ مرحوم سے قلمبند رہا۔ ۲۸ مارچ ۱۹۱۵ء کو حضرت شاد عظیم آبادی کے حلقہ قلمبند میں داخل ہو گئے۔

۱۹۲۶ء میں جو غزل حضرت شاد مرحوم کی خدمت میں بہ نظر اصلاح پیش کی گئی اس کے حاشیہ پر حضرت شاد نے درج ذیل شعر لکھ دیا۔

واللہ ہیں حمید کے سب شعر دل پسند ،،، اصلاح ان پہ دول یہ دیانت سے دور تھا

حضرت حمید نے یوں تو شاعری کی تمام اصناف پر طبع آزمائی کی۔ لیکن انھیں غزل گوئی سے خاص رغبت تھی۔ ان کی غزلوں میں ان تمام روایات تغزل کا رچاؤ موجود ہے جو دلی۔ درد۔ آتش اور غالب کے کلام میں پایا جاتا ہے۔ لیکن خواجہ میر درد، شاد، آتش کا اثر زیادہ نمایاں ہے۔ اُن کا نظریہ شاعری حسب ذیل سطور سے ظاہر ہوتا ہے۔ جو ان کے غیر مطبوعہ دیوان کے دیباچہ سے ماخوذ ہے۔

اس میں شک نہیں کہ اس وقت ایسی شاعری کی ضرورت ہے جو انسانی زندگی کے تعمیری

پہلو سے بحث کرے اور قوم کے قوائے خوابیدہ کے بیدار کرنے میں معاون و مددگار ثابت ہو اور صرف خیالی باتوں میں ہمارا وقت ضائع نہ کرے۔ لیکن جس طرح روح اور جسم کا ربط باہمی حیاتِ انسانی کا ضامن ہے اسی طرح اصلاحی شاعری کے ساتھ ساتھ روحانی اور پاک جذباتی شاعری بھی سماجی زندگی کا جز ولاینفک ہے اور اب جب کہ ہمارا ملک آزاد ہو چکا ہے۔ ہمیں روحانیت اور اخلاقیات کی طرف زیادہ توجہ کرنے کی ضرورت ہے روحانی اور اخلاقی بیماریاں قوم کے قوائے مسلم کو معطل کرتی جاتی ہیں اور اس طرح قوم آزادی کی نعمت رکھتے ہوئے بھی ملک کی پریشان حالی کا سبب بن جاتا ہے اور فرحت و سرور کے آفتاب درخشاں پر نکبت و انتشار کے بادل چھا جاتے ہیں۔

عرفانی شاعری ہی اس مرض کا علاج بن سکتی ہے۔ جس بادہ عرفان کا دور حضرت دردؔ سے سلسلہ بہ سلسلہ حضرت شادؔ تک چلتا رہا اور بزم شاعری کو پرکیف بناتا رہا۔ ضرورت ہے کہ وہ دور ذرا تیزی سے چلایا جائے اور اس طرح ہماری شاعری قوم کے لیے مفید تر ثابت ہو"۔۔۔۔

حضرت حمیدؔ عظیم آبادی کو فن عروض پر کامل دست گاہ حاصل تھی اور اس فن پر کئی کتابیں تصنیف کی ہیں جن میں جامع العروض، رمز العروض اور مفتاح العروض قابلِ ذکر ہیں۔

حضرت حمیدؔ کے اہم کارناموں میں سے ایک اہم کارنامہ یہ بھی ہے کہ انھوں نے اپنے استاد حضرت شادؔ کے اکثر و بیشتر کلام کو عوام کے سامنے پیش کرنے کی ہر ممکن جد وجہد کی۔ یہ صاحب طرز نثر نگار بھی تھے۔ مختلف مقالوں اور مضامین کے علاوہ کئی کتابیں بھی تصنیف کیں جن میں "بہار میں اردو" خاص طور پر قابلِ ذکر ہے۔

حضرت حمیدؔ ۱۹۵۶ء میں عظیم آباد سے ترک وطن کرکے سکھر آ گئے اور وادی سندھ کے اس پس ماندہ علاقے میں علم و ادب کے چراغ کو فروزاں کرنے میں ہمہ تن کوشاں تھے۔ مجلس ادب سکھر کا قیام آپ ہی کا رہینِ منت ہے۔

علاوہ ازیں ایک سہ ماہی جریدہ "جامِ جم" بھی آپ کی ادارت میں تشنگانِ ادب کی پیاس بجھاتا رہا۔ آپ رائٹرز گلڈ مغربی پاکستان کے بھی سرگرم کارکن تھے۔

آپ جب عظیم آباد سے رخصت ہو رہے تھے تو وہاں کے اہل قلم حضرات نے انتہائی رنج والم کا اظہار کیا تھا۔ اس موقع پر جو الوداعی نظمیں وغیرہ آپ کی خدمت میں پیش کی گئی ان میں سے دو رباعیات حسب ذیل ہیں۔

اے صاحب تخت و تاج اقلیم سخن ☆ وارثِ مظہر شاد و مشرق نیر حسن
در ہجر حمید کے تواں زیست قتیل ☆ اے آبروئے بہار! اے جانِ وطن

شاگرد رشید و وارث مسند شاد ☆ فن کا ہے ادب نواز فخر استاد
یاران وطن سے ہو رہا ہے رخصت ☆ فریاد حوادثِ زمانہ فریاد

---

۲۷ راکتوبر ۱۹۶۳ء کو آپ کچھ عرصہ کے لیے عظیم آباد گئے لیکن وہاں کی خاک میں کچھ ایسی کشش تھی کہ آپ واپس نہ آسکے اور ۶ رنومبر ۱۹۶۳ء کو اپنے مالک حقیقی سے جا ملے۔
حضرت حمید عظیم آبادی کے بارے میں پروفیسر منظور حسن صاحب شور نے صحیح فرمایا ہے۔
"ایسی بزرگ اور شفیق شخصیت کا سایہ کسی گھر اور ماحول سے ہمیشہ کے لیے اٹھ جانا ایک ایسا ثقافتی، اخلاقی، روحانی اور ادبی نقصان ہے جس کی تلافی تا حشر ممکن نہیں۔"
حمید عظیم آبادی کی ایک غزل کے کچھ اشعار۔

کیا اپنی زبان سے کہے دیوانہ کسی کا ☆ زنجیر کی جھنکار ہے افسانہ کسی کا
پروانہ شفاعت کا ہو ہر تار گریباں ☆ ہو کر کوئی دیکھے بھی تو دیوانہ کسی کا

بیکار بھی ہوتے ہیں حمید آپ پریشاں
ہو گا نہ ہوا ہے دل دیوانہ کسی کا

ڈاکٹر زورؔ

فرزندان جامعہ عثمانیہ میں ڈاکٹر زورؔ شہاب ثاقب کی طرح چمکے اور دیکھتے دیکھتے سارے دکن کو اس کے بعد پورے برصغیر کو اپنے فیضان علم وعمل سے منور کر دیا۔ حیدرآباد میں آج تک اردو کا اتنا بڑا ئی شیدائی پیدا نہیں ہوا اور سارے برصغیر میں بغیر ڈاکٹر مولوی عبدالحق کے کوئی دوسرا ان کی ہمسری کا دعویٰ نہیں کر سکتا۔ جہاں تک حیدرآباد اور دکن کی زبان وادب اور تہذیب و معاشرت کے اجاگر کرنے کا تعلق ہے ڈاکٹر زورؔ کا ثانی دکن میں پیدا ہوا اور نہ آئندہ اسکی توقع ہے۔

ڈاکٹر سید محی الدین قادری زورؔ ۲۵ ر دسمبر ۱۹۰۵ء کو اردو بنیاد شہر فرخندہ آثار حیدرآباد میں پیدا ہوئے۔ ان کے والد ماجد حضرت ابوبرکات حافظ سید غلام محمد شاہ قادری زعمؔ ایک صاحب باطن بزرگ تھے۔

ڈاکٹر زورؔ نے ابتدائی تعلیم دارالعلوم میں پائی۔ ۱۹۲۷ء میں اعزاز کے ساتھ جامعہ عثمانیہ سے بی۔ اے اور ایم۔ اے کے امتحانوں میں کامیابی حاصل کی حکومت حیدرآباد نے اعلا تعلیم کے لیے یورپ بھجوایا، جہاں انھوں نے "آریائی زبانوں کی تقابلی لسانیات" پر تحقیقاتی مقالہ لکھا اور پی۔ ایچ۔ ڈی کی ڈگری ۱۹۲۹ء میں حاصل کی۔ انگلستان سے واپسی پر ڈاکٹر زورؔ جامعہ عثمانیہ میں اردو کے پروفیسر مقرر ہوئے اور ۱۹۴۸ء تک صدر شعبہ اردو کے عہدہ جلیل پر فائز رہے پھر چادر گھاٹ کالج کی پرنسپل سے وظیفہ، حسن خدمت پایا اور جموں و کشمیر یونیورسٹی کے صدر شعبہ اردو، فارسی، ڈین فیکلٹی آف آرٹس اینڈ اورنیٹل لنگویجز مقرر ہوئے قریب سولہ مہینے کشمیر میں رہے۔

زورؔ صاحب باغ وبہار انسان تھے۔ باتیں کرنے پر آتے تو محفل کو زعفران زار بنا دیتے۔ ان میں ایک خوبی یہ تھی کہ نہ بیجا طور پر کسی سے مرعوب ہوتے نہ مرعوب

کرنے کی کوشش کرتے۔ تکبر، غرور اور خود پسندی انھیں چھو بھی نہیں گئی تھی۔
"انا و لا غیری" قسم کے لوگوں میں نہ تھے۔ ہر کسی سے برابر کا سلوک کرکے خوش
ہوتے۔ پھولوں میں پھول اور کانٹوں میں کانٹا بن جاتے تھے۔

زورؔ صاحب نے نہ جانے کتنے ادیبوں اور شاعروں کو گمنامی کی
تاریکی سے باہر نکالا۔ کتنے شاعروں کو تاج پہنائے، کتنے ادیبوں کو ان کا
حق دلایا اور کتنی بھولی بسری یادوں کو صفحۂ قرطاس پر ہمیشہ کے لیے محفوظ کر دیا۔
دکن کے ایک ایک ذرّے سے انھیں پیار تھا۔

زورؔ صاحب کی شخصیت بڑی بارعب، متین اور پُر وقار تھی۔
اعلا سماجی حیثیت اور سیاسی اقتدار رکھنے والے لوگ بھی ان سے برابر سطح
پر ملتے اور اُن کا احترام کرتے تھے۔ ایک دفعہ ایوان اُردو میں مشاعرہ تھا
ہال میں تیس۳۰ چالیس۴۰ لوگ جمع ہو چکے تھے ابھی شاعروں کی آمد میں دیر تھی۔
زورؔ صاحب شہ نشیں کے عقبی دروازے سے داخل ہوئے اور اپنے
مخصوص انداز میں اسٹیج پر ٹہلنے لگے۔ نیچے بیٹھے ہوئے ایک بزلہ سنج نے برجستہ
اپنے ساتھی سے کہا۔ "اُدھر کیا دیکھتے ہو اِدھر دیکھو اسٹیج پر شیرِ اُردو"
ٹہل رہا ہے۔

زورؔ صاحب اپنی قدرتی صلاحیتوں کے ساتھ ساتھ زمانہ طالب علمی میں دو
چیزوں کے قائل تھے وہ سمجھتے تھے کہ محض ذہانت و طباعی سے انسان ترقی نہیں
کرتا بلکہ ان کے ساتھ ساتھ انتہائی محنت و عرق ریزی کی بھی ضرورت ہے۔ یہی
وجہ تھی کہ زورؔ کی طالب علمی کے زمانہ میں ان کے قریبی دوست مقصود تھے۔۔۔

ڈاکٹر زورؔ صاحب تنہا ایک ادارہ تھے۔ اُردو کے بہت بڑے مخدوم
اور خادم تھے۔ ادیب اور نقاد تھے، مورخ تھے، بہت اچھے معلّم تھے، غیر
معمولی تنظیمی صلاحیتیں رکھتے تھے۔ ان میں بہت سے مختلف النوع کام کرنے والوں
کی خوبیاں جمع ہو گئی تھیں جن سے نئی نسل کو واقف کرانا ضروری ہے۔ یہ کام اُن
اِداروں اور رسالوں کے ذریعہ ہو سکتا ہے جن کی آبیاری میں ان کا لہو شامل تھے
ڈاکٹر زورؔ صاحب ایک پیدائشی استاد تھے۔ ان کی شخصیت اور کردار میں
ایسا جاہ و حشم اور رعب تھا کہ انھیں دیکھتے ہی احترام اور عقیدت سے خود بخود

آنکھیں نیچی ہو جاتی تھیں۔ جہاں ان کی شخصیت میں صوفی منش والد کی تربیت کا تقدس شامل تھا وہیں ان کی اپنی علمیت کا وقار بھی ٹپکا پڑتا تھا۔ ان کی اپنی ساری زندگی ایک طالب علم کی مثال زندگی تھی۔

زورؔ صاحب شاعر تھے۔ انھوں نے اپنے بچپن اور جوانی میں نظمیں اور غزلیں کہی تھیں۔ لیکن جب پروفیسر بنے اور ان کو تحقیقات کا چسکا لگا تو وہ شاعری کو بھول گئے۔ کشمیر کے رنگ و گل نے پھر ان میں شاعرانہ جذبات کو ابھارا۔

زورؔ صاحب کی تصانیف اور تالیفات کو مختلف فنون میں تقسیم کیا جا سکتا ہے یعنی تنقید، لسانیات، تاریخ ادب، تاریخ و سوانح عمری، افسانہ، وضاحتی فہرست، ہائے کتب، مجامع وغیرہ،

"ہندوستانی صوتیات" زورؔ صاحب نے یہ کتاب انگریزی میں لکھی تھی۔ اس کتاب میں اس زبان کا صوتیاتی جائزہ لیا گیا۔ اردو زبان پر یہ سب سے پہلی کتاب ہے۔ جس میں جدید تحقیق اور سائنٹفک ٹیکنک کے مطابق اردو کے مصوتوں (VOWELS) اور مصمتوں (CONSONANT) کا جائزہ لیا گیا ہے۔

ادارہ ادبیات اردو حیدر آباد کی تشکیل کا سہرا ڈاکٹر سید محی الدین قادری زورؔ کے سر ہے۔ موصوف نے یورپ سے واپسی کے بعد اس کی کو شدت سے محسوس کیا کہ حیدر آباد کے مصنفین و مولفین کے لیے کوئی مرکز نہیں ہے۔

چناں چہ ۱۹۳۱ء میں پروفیسر عبدالقادر سرورؔ، پروفیسر عبدالمجید صدیقی پروفیسر عبدالقادر صدیقی اور مولوی نصیر الدین ہاشمی کی مدد سے اس ادارے کو قائم کیا۔ زورؔ صاحب نے اس ادارے کی مالی بنیادوں کو استوار کرنے کے لیے حکومت کی امداد یا عام چندوں پر بھروسہ نہیں کیا۔ بل کہ اس کو خود کفیل بنانے کی کوشش کی جب ادارے کی مصروفیتیں بڑھ گئیں اور متعدد کتابیں شائع ہو چکیں تو ۱۹۳۷ء میں اس ادارے نے اپنا ایک ترجمان شائع کرنے کا فیصلہ کیا اور جنوری ۱۹۳۸ء سے ایک ماہنامہ "سب رس" کے نام سے جاری کیا۔

۱۹۶۰ء میں ادارہ ادبیات کی شاندار عمارت" ایوان اردو" کا افتتاح بخشی غلام محمد وزیر اعظم جموں و کشمیر نے کیا۔ ڈاکٹر زورؔ نے ۱۹۶۰ء میں" ایوان اردو" کی عمارت کے افتتاح کے موقع پر ۲۱۶ صفحات پر مشتمل ایک تذکرہ" نوادر الیوان اردو" جلد اوّل مرتب کر کے شائع کیا تھا۔

بعض انسان زندگی قوت اور حرکت کا ایسا ابلتا چشمہ ہوتے ہیں کہ موت کا تصور ان کے ساتھ جڑ ہی نہیں سکتا۔ خیال ہی نہیں آتا کہ ایسے انسان موت سے زیر ہو سکتے ہیں۔ بچھڑ سکتے ہیں۔ زندگی قوت اور حرکت کا ایسا ہی ابلتا چشمہ ڈاکٹر سید محی الدین قادری زور صاحب بھی تھے۔ ان کی زندگی میں یہ خیال بھولے سے بھی نہ آیا کہ ایک روز وہ بھی مر جائیں گے۔

ڈاکٹر زور آخری سانس یعنی ۱۹۶۲ء تک متحد اعزازی کے فرائض انجام دیتے رہے۔ ان کی موت دنیائے ادب اردو کے لیے ایک بہت بڑا سانحہ تھی۔ مدتوں اس نقصان عظیم کی تلافی نہ ہو سکے گی۔ انھوں نے اپنی زندگی میں اردو کے استحکام و بقا کے لیے اتنے کام کیے ہیں ان کا نام امٹ ہو گیا ہے۔

بقول جناب نظر حیدر آبادی ..... کہ زور صاحب مر گئے مجھے یقین ہے کہ اب بھی سورج کی پہلی کرن دبے پاؤں جب ادارہ ادبیات اردو کی دلکش اور سادہ دیر کار عمارت میں داخل ہوگی تو ضرور زور صاحب کو مصروف عمل دیکھتی ہوگی!"

ڈاکٹر زور صاحب کو خراج عقیدت پیش کرتے ہوئے کچھ شعرا کے اشعار۔

کشمیر کو جاتے ہیں سیاحت کے لیے
یا رفع مرض، حصول صحت کے لیے
اے زور یہ کیا کر گئی تجھ کو قضا
کشمیر میں آہ۔ مرگ غریب کے لیے

(متوک چند مرحوم)

ناقابل اظہار زبان اردو — ہے زور کے ماتم میں جہان اردو
اے زور تیرا نام رہے گا روشن — زندہ رہی جب تک بھی زبان اردو

(ابو سعید سید اسمٰعیل سید)

اے گوشۂ جنت کے بسانے والے
منہ پھیر کے احباب سے جانے والے
بھولے گا نہ تا حشر زمانہ تجھ کو
کرتے ہیں تجھے یاد زمانے والے

(اختر رضوانی)

کون دُنیا سے اُٹھ گیا محسن،،
کس کے غم میں کھو گئی اُردو،،
زوؔر صاحب کے ایک جانے سے
کتنی کمزور ہو گئی اُردو ،،،،

(سلیمان خطیب)

عیسوی انیس سو باسٹھ تھا سال
زوؔر نے کشمیر میں جب کی قضا

(شامن علی نسیاں)

جنوں کی آگ پر بے چین پارہ تھا
بلندی پر سے جو چمکے وہ تارہ تھا
تری سعئ عمل کا زوّر کیا کہنا
تو اپنی ذات سے خود اک اِدارہ تھا

(عظیم الدین محبتؔ)

اُن کی نیک ہستی، ان کی محنت، قابلیت، تحقیق اور مشقت اُردو سے دِل چسپی رکھنے والوں کے لیے مشعلِ راہ کا کام دے گی اور جب تک اُردو زندہ ہے ڈاکٹر زور بھی زندہ رہیں گے۔

ڈاکٹر زوّر کی چند نظموں اور غزلیں کے کچھ اشعار ملاحظہ فرمائیں۔

وہ راحت جاں بننا وہ روٹھ کے من جانا
وہ من کے بگڑ جانا وہ شوق کا اکسانا

وہ نور کی کرنوں کا چہرہ پہ چمک جانا
وہ وقت خرام ان کے اعضا کا لچک جانا

. . . .

اے زوّر نہ کر راحت کی ہوس دُنیا ہے یہ سب دھوکہ کی جگہ
چشمہ بھی سراب آتا ہے نظر جب پیاس بجھانے جاتا ہوں

. . . .

موت سے بھی مریں گے نہیں زورؔ ہم
زندگی میں جو کچھ کام کر جائیں گے

. . . .

یہ جو خوش پوش ہیں پروردہ تہذیب جدید
ڈھونڈتا ہوں کوئی انسان ہے ان میں کہ نہیں

. . . .

پھول تو پھول ہیں کانٹے بھی ہیں بیگانے سے
اب بھٹک کر بھی نہ جائیں گے گلستان کے قریب

. . . .

کشمیر میں کوئی کراچی میں ہیں کوئی !
اے زورؔ دکن سے پوچھیے اہل دکن کون ہیں !

. . . .

نشتر دل و جگر میں چبھوئے ہوئے سے ہیں ✿ نغمے مرے رباب میں سوئے ہوئے سے ہیں
آتی ہیں یاد شوق کی سرمستیاں مجھے ✿ تڑپاتی ہیں زمانہ کی نیرنگیاں مجھے
اب دل میں خواہش شب مہتاب ہی نہیں ✿ تفریح و انبساط کے اسباب ہی نہیں
ہاں عمر بھر کریں گے تجھے یاد چاندنی
اس قید غم سے ہوں گے نہ آزاد چاندنی

زورؔ صاحب خود داری، خود اعتمادی اور مسلسل محنت کا مجسمہ تھے۔ ۲۴ ستمبر ۱۹۶۲ء کو ساڑھے آٹھ بجے شب سری نگر میں اچانک قلب پر حملہ ہونے کی وجہ سے انتقال کر گئے۔

ڈاکٹر صاحب سب رسؔ کے مدیر اعلا اور ادارہ ادبیات اُردو کے روح رواں تھے۔ ساہتیہ اکادمی کے شعبۂ اُردو کے مشیر اور ماہنامہ آج کل کی مجلس ادارت میں سر فہرست تھے۔ ڈاکٹر صاحب نے بے شمار علمی، ادبی، شعری اور تحقیقاتی کتابیں پیش کیں۔ جو اُردو ادب میں ایک قیمتی اضافہ ہیں۔

سوئی ہوئی اُردو کو جگانے والے ✿ مرتی ہوئی اُردو کو جلانے والے
اے زورؔ تھا زیبا نہ تجھے یوں مرنا ✿ اک عالمِ اُردو کو رلانے والے

راشد الخیری

راشد دہلی میں جنوری ۱۸۶۸ء میں پیدا ہوئے آپ کی پرورش بڑے ناز و نعم سے اور لاڈ و پیار سے ہوئی۔ آپ کے والد مولوی حافظ عبدالواحد صاحب مرحوم اس خاندان میں پہلے آدمی تھے۔ جنھوں نے انگریزی کی تعلیم حاصل کر کے پہلے ریلوے کے یورپین گریڈ میں ملازمت کی، اس کے بعد ریاست حیدر آباد کا رُخ کیا، سات سو روپیہ ماہانہ پر کام کرتے تھے۔ ابھی آپ بہت چھوٹے ہی تھے کہ والد کا سایہ سر سے اُٹھ گیا۔ مگر دادا نے آپ کی پرورش کی۔

راشد کو پہلے عربی و فارسی اور اردو کی تعلیم گھر پر دلوائی گئی۔ اس کے بعد دہلی کے عربک اسکول میں داخل کر دیا گیا۔ ان کو جغرافیہ اور حساب سے دلچسپی نہ تھی تاریخ اور انگریزی سے دلی شوق تھا۔ آپ نے انٹرنس پاس۔ اس درمیان میں آپ نے مشرقی علوم میں اس درجہ معلومات حاصل کرلیں کہ آپ کی ذہانت اور قابلیت کا چرچا ہونے لگا۔

تکمیل تعلیم کے بعد ۱۸۹۰ء میں آپ نے مولوی عبدالرحیم صاحب مصنف اور بانی جامع مسجد جھجر کی لڑکی سے شادی کی اور ۱۸۹۱ء میں محکمہ بندوبست کے انگریزی دفتر میں ملازمت کر لی۔ مگر ملازمت کی پابندی اور دفتر کے خشک کاموں میں جی نہ لگتا تھا۔ اور پھر بیوہ ماں عرصہ تک بیٹے کی جدائی برداشت نہ کر سکتی تھی۔ آخر کار دہلی کے پوسٹل آڈٹ آفس میں تبدیل ہوئے۔ مگر یہاں بھی آفیسروں سے موافقت نہ ہوئی۔ اور ۱۹۱۰ء میں اٹھارہ انیس سال کی ملازمت سے استعفاد نے دیا۔

آپ نے ایک عشقیہ ناول "احسن و میمونہ" لکھا جو ضائع ہوگیا۔ اس کے بعد دوسرا اصلاحی ناول ۱۸۹۵ء میں "حیات صالحہ" اور ۱۸۹۸ء "منازل السائرہ" ان کتابوں کا چھپنا تھا کہ ان کی قابلیت و بلند پایہ ادبیت کی دھوم مچ گئی۔ اور سارے اہلِ قلم کی نگاہ اس نوجوان مصنف پر لگی جو ایک دن دنیا کا بڑا

ادیب اور زبان کا ماہر استاد ہونے والا تھا۔

۱۹۰۳ء سے رسالہ "مخزن" لاہور میں ان کے افسانے اور مضامین شائع ہونے لگے تھے اور پھر ۱۹۰۸ء میں "صبح زندگی" شائع ہوئی۔ اس کے بعد تو آپ دل کے باکمال ادیبوں کی صف اول میں آگئے اور اسی سال آپ نے عورتوں کی حمایت میں رسالہ "عصمت" دہلی سے جاری کیا۔ اور یہ وہ زمانہ تھا جب کہ مسلمان مرد کو عورتوں کی تعلیم سے ذرہ برابر بھی دلچسپی نہ تھی اور رسالہ یا اخبار کو مالی امداد کرنا محال نہیں تو دشوار ضرور تھا۔ مگر آپ اپنی تصانیف کی کمائی اور آمدنی اس پر صرف کرتے رہے۔ یہ آپ کی نیک نیتی اور سچے خلوص ہمت و شجاعت کا پھل تھا۔

۱۹۱۱ء میں آپ نے ایک بلند معیار ادبی رسالہ "تمدن" "حقوق نسواں کی حمایت میں جاری کیا۔ جب آپ کو رسالہ "عصمت" کی طرح اس پر بھی روپیہ پانی کی طرح بہانا پڑا اور کوئی خاص فائدہ نظر نہ آیا تو اس رسالے کو دوسرے کسی کو دے دیا۔

اسی سال ایک اور ہفتہ وار رسالہ "سہیلی" جاری کیا مگر ۱۹۱۶ء میں رات کے ابتدائی حصہ میں آگ لگ گئی اور تمام کوششوں کے باوجود اس غضب کی آگ میں سرمایہ جل کر راکھ ہو گیا۔

کثیر مالی نقصانات اور پریشانیوں کے باعث رسالہ "عصمت" کی حالت بہت خراب ہو گئی تھی مگر راشد اپنی تصانیف کی آمدنی کثیر تعداد میں صرف کر کے اسے اسی پیمانہ پر لا رہے تھے کہ ۱۹۱۹ء میں پھر سر شام آگ لگ گئی جس کی وجہ سے کتب خانہ، کتابوں کے مسودے دوبارہ راکھ کے ڈھیر ہو گئے۔ غرض کہ اگر کچھ پہلے آگ میں بچ بھی گیا تھا اس بار سوائے راکھ کے کچھ نہ بچا۔

۱۹۲۲ء میں جب راشد الخیری نے دیکھا کہ ملک میں لڑکیوں کی تعلیم کا جذبہ بہت کم ہے تو انھوں نے "تربیت گاہ بنات" کے نام سے نادار اور کم استطاعت بچوں کے لیے ایک اسکول قائم کیا۔ جس میں شہر کی غریب لڑکیاں آسانی سے

مصنفہ تعلیم حاصل کرسکیں ۔ ۱۹۲۷ء میں مسلمان لڑکیوں کے لیے ماہنامہ رسالہ "بنات" جاری کیا۔ جس کا مقصد لڑکیوں میں مذہبی تعلیم کا جذبہ پیدا کرنا تھا۔

دماغی محنت اور عمر کے تقاضے نے آپ کو بہت ضعیف کر دیا تھا۔ آخرکار دو ماہ کی علالت کے بعد ۶۸ سال کی عمر پاکر علم و فضل کا امام ۳ر فروری ۱۹۳۶ء کو راہی ملک عدم ہوا۔ ۱۹۳۸ء میں لڑکیوں میں زنانہ دستکاری کا شوق پیدا کرنے کی غرض سے رسالہ "جوہر نسواں" جاری کیا جو اب تک جاری ہے۔

اس عظیم ادیب نے اردو لٹریچر کو اپنے گہرے ہائے خیال سے مالا مال کیا۔ ۹۰ کتابیں تصنیف کیں۔ ساری عمر عورتوں میں بیداری پیدا کی اور مردوں سے لڑ لڑ کر انھیں شرعی حقوق دلوائے۔ اس لحاظ سے انھیں اردو لٹریچر کا مربی ہی نہیں بل کہ محسن بھی کہنا چاہیے۔

راشد کی تحریروں میں نازک خیالی و رنگین بیانی کا عنصر بہت زیادہ ہے۔ قدرت نے ان کو درد مند دل عطا کیا تھا۔ اس لیے آپ نے ہندوستان کے قدیم رسم و رواج کی لعنت میں جکڑی ہوئی "عورت" کو سماج کے ظلم وستم کے شکنجے سے نکالنے کے لیے اس طبقہ کی نمائندگی اپنے ذمہ لی اور مردوں کی زیادتیوں اور بے عنوانیوں کو اجاگر کرتے ہوئے صنف نازک کے رنج وغم کی ترجمانی کچھ ایسے دکھ بھرے انداز میں پیش کرنی شروع کی کہ سنگ دل سے سنگ دل انسان بھی ان کی تحریر پڑھ کر رو دیتا۔

اس اچھوتے انداز بیان پر ان کو "آنسوؤں کا بادشاہ" اور "مصور غم" کے خطابات سے نوازا گیا۔ ان کی قلم تا حیات صفحہ قرطاس پر حق و انصاف کے لیے دوڑتا رہا۔ اور زبان حقوق نسواں کا جائز مطالبہ کرتی رہی۔

مولوی نذیر احمد مرحوم نے مردوں کے ساتھ عورتوں کی تعلیم و تربیت کو بھی ضروری سمجھا اور علامہ راشد الخیری نے صرف عورتوں کی ترقی و بہبودی اور روشن خیالی کے لیے اپنی ساری زندگی صرف کر دی۔ ان کی دو کتابیں کئی بار چھپ چکیں ہیں۔ وہ ہیں"

"آمنہ کا لال" اور "سیدہ کا لال" ہندوستان میں کوئی لائبریری یا اسکول یا کالج نہ ہوگا یہاں راشد الخیری کتابی شکل میں موجود نہ ہوگا۔

روسو

مشہور ماہر تعلیم رُوسو جنیوا میں ۱۷۱۲ء میں پیدا ہوا۔ ولادت کے بعد جلد اس کے سر سے ماں کا سایہ اُٹھ گیا اور اس کی چاچی نے اس کی پرورش کی۔ دس سال کے بعد کچھ مدت وہ اپنی چاچی کے پاس رہا۔ پھر ایک اتالیق سے ابتدائی تعلیم پائی۔

بچپن میں اُسے ناول اور کہانیاں پڑھنے کا بہت شوق ہوا۔ آٹھ نو سال آوارہ گردی کرتا رہا۔ اس کی آوارگی میں اُسے ہر قسم کے لوگوں سے واسطہ پڑا۔ آوارہ ہونے کے سبب اس سے بہت سی کرتوتیں سرزد ہوئیں اور سماج کے قوانین کی خلاف ورزی کرتا رہا۔

تینتیس سال کی عمر میں اس نے ایک بدمزاج اور گنوار خادمہ سے شادی کر لی۔ اس کے پانچ بچے ہوئے۔ لیکن وہ ان کی پرورش نہ کر سکا اور انھیں یتیم خانہ میں پناہ لینی پڑی۔ رُوسو نے کئی اور شادیاں بھی کیں۔ مگر غیر ذمہ دار اور نکھٹو ہونے کے سبب سب ناکام ثابت ہوئیں۔

۱۷۴۱ء میں وہ ایک گھرانے میں دو بچوں کا اتالیق مقرر ہوا۔ اسے اس کو تعلیم و تدریس کا تجربہ ہوا اور فن تدریس سے کچھ واقفیت ہو گی۔ اس نے یکے بعد دیگرے کئی پیشے اختیار کیے اور مختلف حیثیتوں میں کام کیا۔ مثلاً بطور خادم، اتالیق (تربیت دینے والا) مغنی (گانے والا) سیکریٹری۔ ڈرامانگار وغیرہ بالآخر اس نے تصنیف و تالیف کا کام شروع کیا اور مصنف کی حیثیت سے کامیاب ہوا۔ اس نے تعلیم سے متعلق اپنا نظریہ فطریت (NATURALISM) پیش کیا:۔

اٹھارہویں صدی عیسوی کے وسط تک عوام کی اکثریت مفلس، جاہل اور پس ماندہ تھی۔ عیار۔ چالاک اور صاحب اقتدار و باثروت لوگ غریبوں کے حقوق دبائے ہوئے رکھتے۔ سرمایہ داری، جاگیرداری اور ملوکیت کا دور دورہ تھا سیاسی، معاشرتی، مذہبی اور علمی نقطہ نظر سے عوام پچھڑے ہوئے تھے،

تعلیم رسمی اور غیر مفید تھی۔ بددلی اور بے اطمینانی ہر طرف طاری تھی۔

اٹھارہویں صدی کے وسط میں نئے نئے خیال پھیلنے لگے۔ مساوات آزادی اور اخوت کے نعرے بلند ہونے لگے۔ سیاسی بیداری پیدا ہونے لگی۔ عوام میں اپنے حقوق کا مطالبہ بڑھنے لگا۔ رُوسو اس انقلاب کے بانیوں میں سے تھا۔ وہ جمہوریت کا حامی تھا۔ تعلیم کے طریقوں میں بھی تبدیلی آئی۔ رُوسو نے اس میں آزادی کی روح پھونکی اور فطرت پر زور دیا۔ اس نے تعلیم سے متعلق ایک معرکتہ الآرا کتاب الموسوم "ایمیل" (EMILE)، لکھی۔ اس کتاب میں رُوسو نے فطری طریق تعلیم کی وضاحت کی۔ اس تالیف کا اثر دور رس تھا اور جدید طریق تعلیم کا پیش خیمہ ثابت ہوئی۔

رُوسو اس بات کا حامی تھا کہ بچے فطری قوتوں کا ارتقا آزادی اور قدرت کے ماحول میں ہونا چاہیئے۔ بچے کی تعلیم کی بنیاد اس کی طبعی صلاحیتوں، رجحانوں اور ضرورتوں پر رکھنا چاہیئے اور اس کے دماغ میں دوسروں کے خیالات نہ ٹھونسے جائیں۔

الغرض مشرق اور مغرب دونوں میں جتنی جدید تحریکیں وجود میں آئیں۔ ان سب کی بنیاد روسو کے عقائد اور نظریات پر رہے۔ روسو جیسا ماہر تعلیم آخر ۱۷۷۸ء کو اس جہان فانی سے رخصت ہو گیا۔

* * *

سر جگدیش چندر بوس

ہندوستان کے نامور سائنسدان سر جگدیش چندر بوس ضلع ڈھاکہ (موجودہ بنگلہ دیش) کے ایک متوسط گھرانے میں ۳۰ نومبر ۱۸۵۸ء میں پیدا ہوئے پہلے تعلیم مکان پر حاصل کی اس کے بعد کلکتہ تشریف لے گئے۔ سائنس سے آپ کو پیدائشی ذوق تھا۔ جس طرح مارکونی کو سائنس سے گہرا لگاؤ تھا۔ بلکل اُسی طرح بوس کو بھی سائنس سے گہرا لگاؤ تھا۔

جگدیش چندر کی ذات سے کلکتہ یونیورسٹی کو جو عزت نصیب ہوئی وہ آج تک کسی ادارے یا انسٹیچیوٹ کو نصیب نہیں ہوئی۔ کیمبرج یونیورسٹی میں آپ کا میلان "فزیکس" کی طرف تھا اور استاد وقت لارڈ اینے نے آپ کے اوصاف حمیدہ اور نادر خصوصیات کی قدردانی کرتے ہوئے "ایکاڈک ریسرچ" کا رائل سوسائٹی کا فیلو بنا دیا

سر بوس نے ۱۸۹۶ء میں انگلستان اور لورپول کے مشہور سائنسدانوں کے سامنے اپنی برقی لہریں پیدا کرنے کے مختلف مظاہرے کیے۔ اس کے بعد ان کو "پیرس" اور "برلن" کے سائنسدانوں نے لاسکی کی تحقیقات اور سائنس کے عجائبات پر لکچر دینے کے لیے مدعو کیا اور انھوں نے ان تجربات کو جنھیں حاصل کرنے میں اپنا خون پانی کرنے بہایا تھا۔ بڑی حسن و خوبی سے بیان کیا کہ لوگ حیران و ششدر رہ گئے۔

سر جگدیش کی سب سے زبردست اور مشہور تحقیقات درختوں میں رنج و محبت اور بنی نوع انسان کی طرح لطیف سے لطیف محسوسات کی موجودگی کا ہوتا ہے۔ ان کی تحقیقات سائنس تحقیقات کا اعلیٰ نمونہ تھا۔

سر جگدیش کا کارنامہ نباتات میں زندگی اور موت مسائل کی پیچیدگیاں کچھ اس طرح سلجھا دیں کہ تمام دُنیا کے مشہور سائنسدان اور یونیورسٹیوں کے پروفیسروں نے اس کارنامے کی نہ صرف تعریف کی بل کہ سائنس کی دُنیا میں ایک عظیم کارنامہ گنا۔ اسی کارنامے پر ان کو ڈی۔ ایس۔ سی اور پی۔ ایچ۔ ڈی کی

ڈگریاں ملیں اور ہند سرکار نے بھی ۱۹۰۳ء میں "سر" کا خطاب دیا اور ۱۹۱۱ء میں سی آئی ای کا خطاب عطا بھی کیا۔

سر جگدیش چندر بوس نہ صرف ہندوستان کی سائنٹفک سوسائٹیوں کے ایک اعلا رکن تھے۔ بلکہ ساری دُنیا کی سوسائٹیاں آپ کو عزت کی نگاہ سے دیکھتی تھیں اور اس میں آپ کی حیثیت صدر کی تھی۔

۲۳ نومبر ۱۹۳۷ء کی صبح کو اچانک آپ کی موت ہوگئی جس کا کسی کو وہم گمان بھی نہیں ہوسکتا تھا۔ سیر کے بعد غسل کے لیے کمرہ میں گئے تو غش آگیا اور قلب کی حرکت بند ہوگئی۔ ان کی موت نہ صرف ہندوستان کے لیے ایک بڑا سانحہ تھا بلکہ ساری علمی دُنیا کو ان کی موت سے ایک بڑا نقصان پہونچا۔ جس کی تلافی ہونا مشکل ہی نہیں بلکہ ناممکن تھی۔

سر جگدیش چندر بوس نے اس نظریہ کو از سر نو زندہ کیا جسے بہت دنوں سے ہم لوگ مردہ سمجھے ہوئے تھے۔ انہوں نے اپنی زندگی کی ساری کمائی جو کہ ہم (چار) لاکھ کے قریب تھی بہت سے پبلک اداروں کو جن میں زیادہ تر تعلیمی ہیں دینے کی وصیت کر گئے تھے۔

۵۰ ہزار روپے کی سالانہ آمدنی سے ۴۰ ہزار روپیہ ہندوستان میں سائنس کے مقصد کو تقویت پہنچانے کی غرض سے مخصوص کر دیا اور بی بی کو ۵ سو روپیہ ماہانہ اور ۲۰ ہزار روپیہ نقد دے دیا۔ سر جگدیش چندر بوس کی اس بے بہا سخاوت اور دریا دلی نے جو اضافہ سرمایہ علم میں کیا تھا وہ محتاج بیان نہیں۔

ہندوستان کے اس مایہ ناز سپوت نے اپنی فیاضی، علمی، تحقیقات اور معلومات سے جتنا فائدہ پہونچایا۔ اُس کو آئندہ کی نسلیں کبھی فراموش نہیں کرسکتی۔

آج سر جگدیش چندر بوس ہمارے درمیان نہیں ہیں مگر ان کی تحقیقات اور معلومات ہمارے لیے ہی نہیں بلکہ بنی نوع انسان کے لیے ایک اہم کارنامہ ہے۔ جسے دُنیا بھول نہیں سکتی۔

• • • • • • • • • • • •

ریاضؔ

سید ریاض احمد ریاضؔ خیرآبادی ۱۸۵۵ء میں بمقام خیرآباد پیدا ہوئے۔ لیکن ان کی زندگی کا کافی عرصہ گورکھپور میں گزرا۔ جیسا کہ ان کے شعر سے عیاں ہوتا ہے۔

وہ گلیاں یاد آتی ہیں جوانی جن میں کھوئی ہے
بڑی حسرت سے لب پر ذکر گورکھپور آتا ہے

ریاضؔ امیر لکھنوی کے شاگرد تھے بعد میں امیر مینائی کے شاگرد ہوگئے۔
پولیس کی ملازمت سے اکتا کر اخبار نویسی کی طرف راغب ہوئے۔
ریاضؔ صاحب نے ۱۸۷۲ء میں "لمعہ درخشاں" نکالا۔ پھر "ریاض الاخبار" خیرآباد سے انھوں نے روزانہ اخبار "تار برقی" نکالا۔ ۱۸۷۹ء میں انھوں نے ماہنامہ "گل کدہ ریاض" جاری کیا۔ جس میں مشاعروں کی روداد یں شائع ہوتی تھی۔ ۱۸۸۳ء میں اخبار "فتنہ" اور "عطر فتنہ"۔ ۱۸۸۵ء میں روزانہ اخبار "صبح گل" اور "گل چیں" جاری کیا۔
ریاضؔ صاحب نے رینالڈس کے دو ناولوں کا ترجمہ بھی کیا۔ جن میں سے ایک ناول کا سلسلہ اخبار ریاض میں شروع کیا مگر مکمل نہ ہوسکا۔
انھوں نے اودھ پنچ اخبار کے ایڈیٹر منشی سجاد حسین سے ٹکر لی اور قلم کی جولانیاں دکھائیں۔ اس کے علاوہ میرٹھ کے اخبار "طوطی ہند" سے بھی دو دو ہاتھ کیے۔ اس معرکہ میں بھی ان کا پلڑا بھاری رہا۔
ریاضؔ پر گو استاد شاعر تھے۔ ان کا رندانہ کلام اردو شاعری میں مسلمہ حیثیت رکھتا ہے۔

ریاض الاخبار نے دنیائے صحافت میں دھوم مچادی تھی۔ اس اخبار کی

بدولت ان کی شخصیت بھی اجاگر ہوئی۔ اخبار کے پہلے صفحہ پر یہ شعر چھپتا تھا۔

تیری اُٹھان ترقی کرے قیامت کی
ترا شباب بڑھے عمر جاوداں کی طرح

ریاضؔ نے زندگی میں کبھی شراب کا ذائقہ تک معلوم نہ کیا لیکن ان کی شاعری اور نثر میں رندی سرمستی اور شوخی بشاشت درجہ موجود تھی۔ ریاض ایک باکمال شاعر بلند پایہ طنز نگار اور جید اخبار نویس تھے۔ انھوں نے اپنے اخبارات میں طنزیہ شاعری کے جو گل کھلائے وہ بطور نمونہ ملاحظہ ہوں۔

چھپ کے راتوں کو کہیں آپ نہ آئے نہ گئے
بے سبب نام ہوا آپ کا روشن کیسا؟

نیچی داڑھی نے آبرو رکھ لی
قرض پی آئے اس دکان سے ہم

ریاضؔ نے اپنی مونچھوں پر ایک شعر کہا۔

چوٹیاں جتنی تھیں چھوٹی ہو گئیں
میری مونچھیں ان کی چوٹی ہو گئیں

اخبار" فتنہ" مزاحیہ تھا۔ جو ان کے مذاق کی شگفتگی اور علم کی پختگی کا منظر تھا اس میں مختصر لیکن نہایت ظریفانہ مضامین شائع ہوتے تھے۔ ان کا دعوٰے تھا کہ "فتنہ" سے بہتر کوئی بھی مزاحیہ اخبار نہیں۔ اپنی

بیاض میں لکھتے ہیں۔

"فتنہ" کو پوچھتا ہے کوئی اس ادا کے ساتھ
چھوٹا سا وہ ریاض کا اخبار کیا ہوا؟

ریاض خیر آبادی نے اپنے اخبار "ریاض الاخبار" میں جدت پیدا کی کہ نادہندہ خریداران کے نام بطور احتجاج سیاہ جدول میں بڑے بڑے حروف شائع کیے۔

"فتنہ" اخبار میں چھپے ایک مضمون کی چند سطریں پڑھیے۔

"ہم کوئے تباں میں تھے ماہ رمضان آیا
صد شکر کہ مستی میں سمجھے نہ کہاں آیا

ہم وہ طریقہ بتائیں گے کہ روزہ ہو مگر معلوم نہ ہو۔ سنیئے! راتیں ہیں تو گرمیوں کی بس اک ذرا ہوا سنک رہی ہو پھر کیا کہنا۔ کھلے ہوئے صحن میں اجلا فرش اور اس سے لطیف چھٹکی ہوئی چاندنی۔

ریاض نے اردو صحافت میں طنز و مزاح کا جو عنصر پیدا کیا۔ وہ آج تک قائم ہے۔ حقیقت یہی ہے کہ وہ سب سے پہلے طنزیہ اخبار نویس تھے۔ ۲۰ر جولائی ۱۹۳۲ء کو ۸۱ سال کی عمر میں وہ پیوند خاک ہوئے۔ اور اپنے پیچھے طنز و مزاح کے ایسے خزانے چھوڑ گئے کہ ان پر فخر کیا جا سکتا ہے۔ یہ مزاحیہ اخبار نویس اکثر یاد آتا رہے گا۔

سنجے گاندھی

انسان کا جسم فانی ہے لیکن اس کے نیک کام خصوصاً ایسے کام جنھوں نے لوگوں کے دلوں پر اثر ڈالا ہو اور جن سے بہترین نتیجے نکلنے کی توقع ہو یہ ہی زندہ جاوید ہوتے ہیں۔

شری سنجے گاندھی کوئی فوجی سپہ سالار نہ تھے وہ کسی ملک کے بادشاہ یا آمر یا صدر جمہوریہ نہ تھے۔ وہ کوئی افسانہ نویس نہ تھے انھوں نے اپنی ذاتی عظمت کا اظہار نہیں کیا۔ مگر ان کا نام رہتی دُنیا تک برابر رہے گا۔ اور ہندوستان کی حالیہ تاریخ میں ان کا رتبہ کسی عظیم شخصیت سے کم نہیں سمجھا جائے گا۔

سنجے گاندھی نے ۱۹۴۶ء میں جنم لیا۔ یہ ایک کشمیری گھرانے کے چشم و چراغ تھے۔ سنجے گاندھی نے اپنی والدہ محترمہ اندرا گاندھی سے ایک اچھا خاصہ تجربہ حاصل کیا۔ اپنی تمام زندگی قومی مفاد میں صرف کی۔

سنجے گاندھی ایک قابل اور محبِ وطن نوجوان لیڈر تھے۔ انھوں نے غیر جانب داری، جذبہ اخوت، خلوصِ دل، جدوجہد، قربانی اور انسانی دوستی کے اوصاف حمیدہ حاصل کیے اور اپنا نام روشن کیا۔ انھوں نے عوام کی غریبی اور جہالت دور کرنے کا بیڑہ اُٹھایا تھا۔ ان کے دِل میں وطن کی محبت خاصکر غریب عوام کی خدمت کا جذبہ کوٹ کوٹ کر بھرا ہوا تھا۔

ان کی صلاحیتوں کی بدولت ملک بھر کے نوجوانوں نے آپ کی قیادت کو قبول کیا اور تندہی اور ایمانداری کے ساتھ ملک کی خدمت پر کمربستہ ہوئے سنجے گاندھی نے اپنا مندرجہ ذیل پانچ نکاتی پروگرام وضع کیا۔

۱. گندی اور غلیظ بستیوں کی صفائی
۲. خون دان
۳. کنبہ بندی

۴ - شجر کاری

۵ - جہیز کے خلاف جہاد

سنجے گاندھی ہندوستان کے ایک نڈر اور مخلص رہنما تھے۔ مشکلات کے وقت مطلق نہ گھبراتے اور حالات کا ڈٹ کر مقابلہ کرتے۔ ایک سلجھا ہوا دماغ رکھتے تھے۔ ان اوصاف حمیدہ کے باعث ہندوستان بھر کے نوجوانوں کے علاوہ عوام کی اُمنگیں اُن کے ساتھ وابستہ تھیں۔

نام بھارت کا بڑھانے والا نہ رہا ٭ سیدھا رستہ دکھانے والا نہ رہا

اعلیٰ ظرفی سے نیک آدرشوں سے ٭ دُنیا بھر کو رلانے والا نہ رہا

نوجوان، ہر دل عزیز لیڈر سنجے گاندھی جوانی کے عالم میں ہی اس سرائے فانی سے ۲۳ر جون ۱۹۸۰ء کو اچانک کوچ کر گیا۔

سنجے کے پانچ نکاتی پروگرام کو عملی جامہ پہنایا جا رہا ہے۔ نئے درخت اور پودے بوئے جا رہے ہیں۔ دیہات کو سڑکوں کے ذریعے شہروں سے ملایا جا رہا ہے۔ آبادی کو بڑھنے سے روکنے کے لیے ہر ممکن کوشش کی جا رہی ہے "چھوٹا پریوار سکھی پریوار" کا نعرہ لگایا جا رہا ہے۔ جہیز کے خلاف بھی جہاد جاری ہے۔ غلیظ بستیوں کو صاف کیا جا رہا ہے۔

اس نوجوان رہنما کی روح کے آگے خراج عقیدت پیش کرنے کا اس سے بہتر اور کیا طریقہ ہو سکتا ہے کہ ہم اس روشنی کو سینوں میں جذب کر لیں۔ اس آواز کو اپنے ساموکا ایک اٹل حصّہ بنا لیں اور اس پیام کو دل و جان سے اپنا لیں جو ہمارے لیے (خاص کر نوجوانوں کے لیے) سنجے گاندھی چھوڑ گئے ہیں۔ ان کے پانچ نکاتی پروگرام پر عمل کرنا ہی سچی ملک کی خدمت ہے۔

سنجے گاندھی ممبر پارلیمنٹ اور عظیم یوتھ لیڈر تھے۔ ان کی دردناک موت پر سارا دیش رنج و غم کی لہر میں ڈوب گیا۔ ان کی موت پر غیر ممالک سے بھی ماتم پرسی کے پیغامات آئے۔ شاید کسی نے ٹھیک ہی کہا ہے کہ پھول کی زندگی بڑی کم ہوتی ہے۔

ایک شاعر نے شاید ان کے لیے ہی لکھا تھا۔

ہر اک نفس متاعِ دل و جاں، فروغِ غم
ہر اک نظر حریفِ تماشائے بیش و کم
ہر گام کو صلابتِ آئین رہا بہم
اک کاکلِ حیات میں کتنے ہی پیچ و خم
اک اس کی ذات کتنی عجیب و غریب تھی
ہر فکر کو نیابتِ موسیٰ نصیب تھی

علامہ شبلی نعمانی

علامہ محمد شبلی نعمانی ۱۸۵۷ء میں ضلع اعظم گڑھ کے ایک گاؤں بندول میں پیدا ہوئے۔ علامہ کے والد شیخ حبیب اللہ اعظم گڑھ میں وکیل تھے۔ خاندان عزت وجاہ اور علم و دینداری میں ممتاز تھا۔

علامہ شبلی نعمانی نے ابتدائی تعلیم اعظم گڑھ میں مولوی شکر اللہ سے حاصل کی۔ اس کے بعد انھوں نے غازی پور جاکر مولانا محمد فاروق صاحب چریاکوٹی سے فیض تعلیم حاصل کیا۔ مولانا فاروق کے چشمہ علم سے سیراب ہوکر علامہ شبلی نے تکمیل علوم کے لیے دور و دراز سفر کرنے شروع کئے۔

علامہ شبلی نے عربی سے پہلے فارسی پڑھ لی تھی۔ اکثر فارسی میں خطوط لکھتے تھے۔ فکر رسا اور ذوق سلیم فطری رکھتے تھے۔ ابتدا سے شعر و شاعری کا شوق تھا۔

علامہ شبلی کی ۱۹ برس کی عمر تھی کہ ۱۸۷۶ء میں انھوں نے اپنے بعض اعزہ کے ساتھ حرمین شریفین کا سفر کیا۔ "حج" کے بعد "مدینہ طیبہ" حاضر ہوئے اور بڑے ذوق و شوق کے ساتھ نعتیہ قصیدہ کہا۔ "مدینہ منورہ" میں کتب خانوں کی سیر کی۔ فرماتے تھے کہ " فنون حدیث کا جو سامان وہاں نظر آیا کہیں پھر نہ دیکھا۔"

علامہ شبلی کے والد اور استاد مولانا فاروق صاحب وکیل تھے۔

والد نے اُن سے بھی امتحان وکالت پاس کرنے کا اصرار کیا۔ علامہ بالطبع ادھر متوجہ نہ تھے۔ کہنے سُننے سے امتحان پاس کیا اور وکالت شروع کی۔ لیکن بعد میں وکالت ترک کردی۔ اور " امین دیوانی " کی ملازمت اختیار کرلی۔ یہ دورہ کا کام تھا۔ آخر یہ کام بھی مزاج کے موافق نہ نکلا۔ چھوڑ کر گھر بیٹھ رہے، اور مضمون نگاری اور شاعری پھر شروع کردی۔

۱۸۸۲ء علی گڑھ اپنے چھوٹے بھائی مہدی کو ملنے گئے۔ وہاں وہ سر سید احمد خاں سے ملے۔ دونوں ایک دوسرے کے گرویدہ ہو گئے۔ اتفاق سے وہاں پروفیسری خالی تھی۔ سرسید نے ان کو وہاں رکھ لیا۔

علامہ شبلی نعمانی سرسیّد کا کتب خانہ دیکھ کر باغ باغ ہو گئے۔ مولانا کئی کئی گھنٹے کتب خانہ کی الماریوں کے پاس کھڑے رہتے تھے۔ کالج کے زمانہ قیام میں مولانا نے ایک مضمون "مسلمانوں کی گذشتہ تعلیم" لکھا۔ یہ بہت پسند کیا گیا اس کے بعد انھوں نے قومی نظمیں لکھیں، اور "المامون" "الجزیہ" "سیرۃ النعمان" تالیف کیں۔ انھوں نے پروفیسر آرنلڈ سے فرانسیسی زبان سیکھی، ان کو فارسی پڑھائی۔

۱۸۹۲ء میں علامہ شبلی نے مسٹر آرنلڈ پروفیسر علی گڑھ کالج کے ساتھ قسطنطنیہ کا سفر کیا۔ جدید اسلامی ہندوستان کا یہ پہلا علمی سفر تھا۔ سرسیّد کی وفات کے بعد علامہ شبلی نے استعفا دیدیا، اور ۱۸۹۸ء سے اعظم گڑھ میں قیام کیا۔ یہاں نیشنل اسکول قائم کیا۔ اس کی ترقی کی کوشش کی۔ الفاروق مرتب کر رہے تھے کہ کشمیر جانا پڑا۔ وہاں علیل ہو گئے اور کئی مہینے علالت کا سلسلہ رہا۔ علالت کی حالت میں الفاروق کی آخری سطریں لکھیں کچھ عرصہ کے بعد مولوی سید علی بگرامی نے ان کو حیدر آباد بلالیا اور نظامت علوم و فنون کا عہد دلوایا۔ اس زمانے میں الغزالی، سوانح مولانا روم، علم الکلام اور موازنہ انیس و دبیر تالیف کر کے شائع کیں۔

علامہ شبلی علی گڑھ سے قطع تعلق کرنے کے بعد ندوۃ العلماء سے خاص دلچسپی لینے اور اس کی خدمت کرنے لگے تھے۔ لیکن علماء مولانا کے مذہبی خیالات و عقائد سے مطمئن نہ تھے۔ ہمیشہ مخالفت کرتے رہے آخر ان کو بد دل ہو کر ۱۹۱۳ء میں ندوۃ سے دستکش ہونا پڑا۔

ترک "ندوۃ العلماء" کے بعد لکھنؤ سے اعظم گڑھ آ گئے اور وہاں ایک

ادارہ علمی، "دارالمصنفین" کے نام سے قائم کیا اور اس کے لئے اپنا باغ۔ مکان کتب خانہ وقف کر دیا۔ "دارالمصنفین" اسلام و اسلامیات کا علم بردار ہے "اسلامی کلچر" کا اتنا عظیم الشان لٹریچر کوئی جماعت پیدا نہیں کر سکی۔ یہ بھی علامہ شبلی کی نیک نیتی کا ثمرہ ہے۔

شعر العجم کے بعد علامہ شبلی نے "سیرۃ النبی، کا عظیم الشان کام شروع کیا۔ یہ کام ہی اتنا بڑا تھا کہ وہ سمجھتے تھے کہ اسی میں زندگی ختم ہونی ہے۔ چناں چہ خود فرمایا تھا۔

عجم کی مدح کی عباسیوں کی داستاں لکھی .... مجھے چندے مقیم آستان غیر ہونا تھا
مگر اب لکھ رہا ہوں سیرت پیغمبر خاتم .... خدا کا شکر ہے، یوں خاتمہ بالخیر ہونا تھا

علامہ شبلی نعمانی ایک جلد (سیرۃ النبی) مکمل اور دوسری نامکمل چھوڑ کر ۱۸ نومبر ۱۹۱۴ء کو رہگرا سے ملک بقا ہوئے۔ ۵۷ سال کی عمر پائی۔

علامہ شبلی سچے اور بااخلاق دوست تھے۔ اس زمانہ کی سوسائٹی کی بہت سی کمزوریوں سے پاک اور صاف تھے۔ ان کے اخلاق کا معیار بہت بلند تھا۔ نظر میں بلندی تھی۔ مزاج میں استغنا، حوصلے میں عزم تھا۔ مزاج میں نفاست تھی۔ دوستی اور مخالفت دونوں شدید تھیں۔ صحبت نہایت پاکیزہ و شگفتہ تھی۔

علامہ شبلی ۱۸۹۲ء میں قسطنطنیہ گئے تو سلطان عبدالحمید خاں شہنشاہ ترکی نے "تمغائے مجیدی" عطا کی۔ ۱۸۹۴ء میں حکومت ہند سے "شمس العلماء" کا خطاب ملا۔ ۱۹۰۰ء میں عبدالرحمن خاں بادشاہ کابل نے "محکمہ ترجمہ" قائم کیا۔ اس کے لیے علامہ کا انتخاب کیا، لیکن انھوں نے جانے سے انکار کر دیا۔ ۱۹۱۰ء میں گورنمنٹ اورینٹل کانفرنس شملہ میں شریک ہوئے۔

۱۸۹۹ء میں اٹلی کی اورینٹل کانفرنس کی شرکت کے لیے مدعو ہوئے۔ لیکن بوجہ علالت شریک نہ ہوسکے۔ ۱۹۱۳ء میں سلطنت ترکی کی طرف سے مدینہ یونی ورسٹی کا قیام تجویز ہوا تھا۔ اس کا نصاب تعلیم مرتب کرنے کے لیے علامہ شبلی کا بھی انتخاب ہوا تھا۔ عثمانیہ یونی ورسٹی حیدر آباد کا نصاب تعلیم تجویز کرنے کے لیے بھی علامہ شبلی منتخب ہوئے تھے۔

مسلم ایجوکیشنل کانفرنس کی ایک تجویز کے مطابق انجمن ترقی اردو قائم ہوئی۔ تو اس کے پہلے سکریٹری علامہ منتخب ہوئے۔ یہ اس وقت حیدر آباد میں تھے۔ وہیں انجمن کا دفتر کھولا گیا۔ ان کے زمانے میں بعض بے نظیر کتابیں، انگریزی و عربی سے ترجمہ کرا کے شائع کی گئیں۔ مثلاً ہربرٹ، اسپنسر کی مشہور کتاب ایجوکیشن کا ترجمہ "فلسفہ تعلیم" کے نام سے خواجہ غلام الحسنین صاحب پانی پتی نے کیا اور علامہ ابن مسکویہ کے رسالہ فلسفہ، الٰہیات الفوز الاصغر کا مولانا الحکیم محمد محسن صاحب فاروقی بچھرایونی نے "القول الاظہر" کے نام سے ترجمہ کیا۔

اردو کی ایک اہم خدمت علامہ شبلی کے ہاتھ سے یہ سرانجام ہوئی کہ ۱۹۱۲ء میں گورنمنٹ نے الہ آباد میں ایک ورنیکولر اسکیم کمیٹی اس غرض سے قائم کی کہ اسکولوں اور کالجوں کے لیے دیسی زبان کا نصاب تعلیم ایسی زبان میں مرتب کیا جائے کہ ایک ہی عبادت کے ساتھ اردو، ہندی، دونوں زبانوں میں پڑھا جاسکے اور اس کے علاوہ اردو پڑھنے والوں کے لیے ہندی پڑھنا بھی لازم قرار دیا جائے۔ اور رامائن تلسی داس کو نصاب امتحان میں شامل کر دیا جائے۔ اردو زبان وادب کے جس بقا و تحفظ کی بعد کی کوشش ہوئی۔ اس کا راستہ علامہ شبلی نے پہلے ہی کھول دیا تھا۔ ورنہ یہ دروازہ پہلے ہی بند ہوچکا ہوتا۔ نصاب کی کتابوں کو عام بول چال کی آسان زبان میں تیار کیا گیا اور ان کو ایک ہی عبارت والفاظ کے ساتھ اردو، ہندی دونوں رسم خط میں

چھا پا گیا۔

علامہ شبلی اپنے زمانے کے پہلے شخص ہیں جنھوں نے اسلوب تحریر کی اہمیت کو سمجھا۔ علامہ شبلی ایسا ر موقع و مقام اور موضوع و بیان کے مطابق اسلوب اختیار کرنے کے لیے صرف وجدان و ذوق کی رہنمائی شرط ہے قواعد صرف و نحو اور اصول معانی و بیان بھی بغیر ذوق سلیم اور ذہن متوازن کے کام نہیں دیتے، ہی مذاق صحیح اور طبع لطیف رکھتے تھے۔ ہر موقع و محل کے لیے اسی کے مناسب طرز تحریر اختیار کیا ہے۔

علامہ شبلی نعمانی کا اردو کلام بہت مختصر ہے۔ "مثنوی صبح امید" اور "قومی مسدس" قیام علی گڑھ کی نظمیں ہیں۔ وقتی چیزیں تھیں۔ اب مجموعہ کلام میں شامل ہیں۔ ان کے بعد سالہا کوئی اردو نظم نہیں لکھی۔

عطیہ بیگم کے نام ایک خط میں عورتوں کے اوصاف کے بارے میں علامہ کا نظریہ تھا کہ "میں چاہتا ہوں کہ آپ ان مشہور عورتوں کی طرح اسپیکر اور لیکچرار بن جائیں جو انگریز اور پارسی قوم میں ممتاز ہو چکی ہیں، لیکن اردو میں تاکہ ہم لوگ بھی سمجھ سکیں۔ آپ میں ہر قسم کی قابلیت موجود ہے۔ صرف مشق کی ضرورت ہے۔ ہم پرانے لوگ آزادی سے بے پردہ مجامع عام میں عورتوں کا تقریر کرنا پسند نہیں کرتے۔ لیکن آپ تو اس میدان میں آچکیں۔ اس لیے اب جو کچھ ہو کمال کے درجہ پر ہو۔" - -

علامہ شبلی بھی اردو کے ان نامور ادیبوں میں سے ہیں جنھیں عناصر خمسہ کے نام سے موسوم کیا جاتا ہے۔ اردو کی ترویج و ترقی کے سلسلے میں عناصر خمسہ میں سرسید، نذیر احمد، حالی، شبلی اور آزاد شامل ہیں۔ ان کی خدمات ناقابلِ فراموش ہیں۔ شبلی نے شاعری اور نثر میں جن نئی راہوں کو استوار کیا اس کی مثال اردو ادب کے تاریخ میں کہیں نہیں ملتی۔
علامہ شبلی کی ایک غزل کے دو شعر ملاحظہ فرمائیں۔

تا دگر آں بت خود کام ز یادم نہ برد
گرہے چند وراں زلف پریشان زدہ ام
پے تو اں برد کہ ایں زمزمہ بے چیزے نیست
شبلی ایں تازہ نواہا نہ چو مستاں زدہ ام

فلارنس نائٹ انگیل

یہ خاتون ۱۲ مئی ۱۸۲۰ء کو اٹلی کے شہر فلارنس میں پیدا ہوئی۔ لیکن اس کا بچپن زیادہ تر انگلستان میں بسر ہوا۔ اس کی نیک ماں نے اسے خدمت خلق میں زندگی بسر کرنے کا مشورہ دیا۔ چناں چہ اس نے لندن، "ایڈیزا" اور یورپ کے بعض اسپتالوں کا گھوم پھر کر معائنہ کیا اور پیرس اور کائسرزورتھ کے اداروں میں نرسنگ کی تربیت بھی حاصل کی۔ ۱۸۵۸ء تک اُسے اتنی شہرت حاصل ہو چکی تھی کہ وہ لندن میں مریض خواتین کے اسپتال کی سپرنٹنڈنٹ مقرر کر دی گئی۔ لیکن جنگ کریمیا میں اس نے وہ کام کیا کہ دُنیا بھر میں مشہور ہو گئی اس جنگ کے آغاز میں جب معلوم ہوا کہ زخمی سپاہیوں کی دیکھ بھال ٹھیک طور سے نہیں ہو رہی ہے۔ تو مس نائٹ انگیل نے وزیر جنگ کو جو بچپن کے زمانے سے اس کے دوست تھے اپنی خدمات پیش کیں اور اَڑتیس دوسری نرسوں کو ساتھ لے کر کریمیا روانہ ہو گئی۔ اس کا کام یہ تھا کہ تمام فوجی اسپتالوں کی نگرانی کرے، نرسوں کے پورے عملے سے کام لے اور دس ہزار مریض اور زخمی انسانوں کی دیکھ بھال کرے۔

وہ چوبیس گھنٹے کام میں مصروف رہتی، اسپتالوں اور بارکوں کو صاف کراتی۔ مریضوں کے بستروں پر خود چکر لگاتی اور جتنا وقت ملتا اسکو آپریشن کے کمروں میں مجروح (زخمی) انسانوں کی تسکین و تسلی میں صرف کرتی۔ فروری اور جون ۱۸۵۵ء کے درمیان اس کی ان تھک کوششوں کے باعث شرح اموات ۴۲ فی صد سے گھٹتے گھٹتے صرف دو فی صد رہ گئی۔

اگرچہ وہ خود بخار میں مبتلا ہو گئی۔ لیکن اپنے کام میں برابر مصروف رہی۔

آخرانگریزوں نے جولائی ۱۸۵۶ء میں ترکی کو خالی کردیا۔ اس وقت تک اس کے عظیم الشان کام کی اتنی شہرت ہوچکی تھی کہ حکومت برطانیہ نے اسکو وطن واپس لانے کے لیے خاص طور پر ایک ساتھ جہاز بھیجا۔

مس نائٹ انگیل کی خدمات کے اعزاز کے طور پر پچاس ہزار پاؤنڈ کا ایک فنڈ جمع کیا گیا، جس سے اُس نے "سینٹ ٹامس" اسپتال میں ایک دارا تربیت قائم کیا۔ جس کا نام تھا " نائٹ انگیل نرسز ٹریننگ ہوم اسکے علاوہ بعض دوسرے مقامات پر بھی نئے انداز کے نرسنگ اسکول کھولے گئے مس فلارنس نائٹ انگیل اپنے دور کی مینارہ نور تھی۔ اس کا انتقال لندن میں ۱۳ اگست ۱۹۱۰ء کو ہوا۔ اس نے نوے سال کی عمر پائی۔

نائٹ انگیل نے جو قوم اور عوام کی خدمت کی۔ وہ تاریخ میں ہمیشہ یاد گار رہے گی۔ اور اس کی خدمات کی سراہنا اُس وقت ہوتی رہیں گی جب تک دُنیا میں سورج، چاند رہیں گے۔

کلیرنس برڈز آئی

انسان نے ہمیشہ اپنی زندگی کو زیادہ خوشگوار بنانے کے ذرائع کی جستجو کی ہے۔ وہ شروع ہی سے کام کرنے کے زیادہ آسان اور تیز تر طریقے ڈھونڈنے کی کوشش کرتا رہا ہے۔ ان کوششوں کا یہ نتیجہ نکلا کہ انسان اب غاروں کی بجائے نہایت آرام دہ گھروں میں رہتا ہے۔ یہ ترقی ایجادات کی مرہون منت ہے۔

اگر کسی موجد نے تن تنہا کام کیا ہے تو وہ کلیرنس برڈز آئی تھا اور اسکا کسی چیز کو ایجاد کرنے کا قطعاً ارادہ نہ تھا۔ بچپن ہی سے اُسے جانوروں کے مطالعہ کا شوق تھا۔ پانچ برس کی عمر میں اُس نے اپنی ماں کو ایک چوہے کی پوستین (کھال) دی۔ یہ چوہا کلیرنس نے پکڑا تھا۔ مونٹ کلیئر (نیو جرسی) کے ہائی اسکول میں داخل ہونے پر کلیرنس نے کھانا پکانے کی تعلیم حاصل کرنی شروع کی۔ اس کی ایک وجہ تو یہ تھی کہ اس طرح اُسے جانوروں کے متعلق مزید معلومات حاصل ہو سکتی تھی اور دوسری وجہ یہ تھی کہ اُسے خوراک سے ہمیشہ دلچسپی رہی تھی۔

ہائی اسکول سے پڑھ کر نکلنے پر وہ چڑیا گھروں کو مینڈک اور کالج پروفیسروں کو چوہے بیچتا رہا اور اس طرح اس نے تین سال تک کالج کی پڑھائی کے اخراجات پورے کیے۔

۱۹۱۲ء میں کلیرنس کی ملاقات لیبر ڈیور کے مشہور مشنری سر ولفریڈ

گرنیفل سے ہوئی۔ اس مشنری کی مدد سے وہ پوستینوں کا تاجر بن کر لیبریڈور گیا اور اگلے چار سال تک وہاں باقاعدگی سے آتا جاتا رہا۔ ایک بار گھر لوٹتے ہوئے اُس نے شادی کرلی۔ اور پھر اپنی بیوی کو لے کر لیبریڈور آگیا۔

لیبریڈور بڑا سرد علاقہ ہے اور وہاں گوشت کو گھر سے باہر کھلی فضا میں جما کر رکھا جاتا ہے۔ کلیرنس نے دیکھا کہ جو گوشت سرد ترین دنوں میں جمایا جاتا ہے۔ اس کا ذائقہ اس گوشت سے بہتر ہوتا ہے جو ان دنوں میں جمایا گیا ہو جب کہ زیادہ سردی نہ ہو۔ چناں اُسے اشتیاق (شوق۔ آرزو) پیدا ہوا۔ اور اس نے گوشت کا ٹکڑا لے کر اُسے خوردبین کے نیچے رکھ کر دیکھنا اور پرکھنا شروع کیا۔

اس کو پتہ چلا کہ گوشت کو جب آہستہ آہستہ یخ بستہ (برف کی طرح جما ہوا) کیا جاتا ہے تو اس کے خلیوں کی دیوار میں چھید کر دیتی ہیں۔ پھر جب یہ گوشت گرم کیا جاتا ہے تو اس کے خلیے ٹوٹ جاتے ہیں اور اس کے ذائقے میں فرق آجاتا ہے۔ اگر گوشت کو سخت سردی کے دن تیزی سے یخ بستہ کر لیا جائے تو برف کی قلموں کو اتنا وقت ہی نہیں ملتا کہ وہ لمبی سوئیوں کی شکل اختیار کر سکیں چناں چہ خلیے خراب نہیں ہوتے۔

اس سے کلیرنس کو خیال آیا کہ اگر دوسری چیزوں کو بھی تیزی سے یخ بستہ کیا جائے تو یہی کچھ ہوگا۔ لیکن لیبریڈور میں بھی ایسے دن زیادہ نہیں ہوتے جب کہ درجہ حرارت صفر سے ۳۰ یا ۴۵ درجے کم ہوتا ہو۔ چناں چہ ضروری تھا کہ سرد ایام (سردی کے دنوں) کا انتظار کیے بغیر چیزوں کو تیزی سے یخ بستہ کرنے کا کوئی طریقہ نکالا جائے۔ اُسکو

یاد آیا کہ نمکین پانی جمے بغیر بے حد ٹھنڈا ہو جاتا ہے۔ چناں چہ یہ بات یاد آتے ہی اُسے مسلے کا حل سوجھ گیا اس نے بند گوبھی کو نمکین پانی میں ڈبوئے رکھنے کے بعد باہر دھر دیا جہاں نہایت سرد ہوا چل رہی تھی۔ گوبھی فوراً یخ بستہ ہو گئی۔

بعد ازاں جب اُس نے گوبھی کو دیکھا تو معلوم ہوا کہ اس کے ننھے ننھے خلیے ٹوٹنے نہیں پائے تھے۔

یہ ایک اہم دریافت تھی کیوں کہ پھلوں اور سبزیوں کے خلیے گوشت کے خلیوں کی نسبت عموماً زیادہ نازک ہوتے ہیں۔ لیکن ہر چیز کو اگر منجمد کرنے کے لیے لیبریڈور سے جا کر سرد ہوا ہی میں رکھا جانا تھا تو پھر اس دریافت کا کوئی فائدہ نہ ہو سکتا تھا۔ چناں چہ ضروری تھا کہ کلیرنس کوئی ایسی مشین ایجاد کرے جو اشیائے خورد و نوش (کھانا پینا) کو جمع کرنے کے بعد فوراً جما کے رکھ دے۔ اس قسم کی مشین کی ایجاد خرچے کے اعتبار سے ایک ایسے شخص کے لیے کمر توڑ ہوتی جس کے پاس تجربوں تک کے لیے پیسے نہیں تھے۔

مقدر نے کلیرنس کا ساتھ دیا۔ ایک شخص نے جو برف کے کارخانے کا مالک تھا۔ کلیرنس کو اپنے کارخانے کے ایک حصے میں تجربے کرنے کی اجازت دے دی۔ اُس نے ایک ایسی مشین لے کر تجربہ شروع کیا جس میں بہت ٹھنڈا نمکین پانی استعمال کیا جاتا تھا۔ اور جس کے اندر دھات کی پلیٹیں اس چیز سے مس کرتی رہتی تھیں جسے یخ بستہ کرنا مقصود ہو۔ اُس نے روپیہ ادھار لے کر اپنی مشین کے لیے پُرزے بنوائے جن کے ڈیزائن اس نے خود تیار کیے تھے۔

خوش قسمتی سے وہ گلاؤسٹر کے مچھیروں کے پاس رہ کر تجربے کر رہا تھا۔ کھانے پینے کی تمام اشیا میں سے مچھلی ہی ایک شے ہے جسے تازہ رکھنا مشکل ہے۔ جونہی کلیرنس کے تجربے کامیاب ہونے لگے، گلاؤسٹر کے بہت

سے لوگوں کو ان میں دلچسپی پیدا ہوگئی۔ چناں چہ اُسے تین آدمی ایسے مل گئے۔ جنھوں نے ساجھے دار بن کر اس کے منصوبہ میں روپیہ لگا دیا۔ وہ مچھلیوں کو یخ بستہ کر کے انھیں بکسوں میں بند کر دیتے۔۔

دکانداروں کو اس بات پر رضامند کرنے میں کچھ وقت لگا کہ وہ نئی منجمد شدہ مچھلیوں کو فروخت کریں۔ لیکن لوگوں نے جوں ہی کلیرنس کی مچھلیاں کھائیں انھیں مزیدار لگیں اور وہ مزید مچھلی خریدنے آئے۔

چناں چہ جلد ہی کلیرنس نے دوسری چیزوں کو جما کر بیچنا شروع کر دیا۔ آج کل ہر جگہ ایسے اسٹور کھلے ہوئے ہیں۔ جن میں یخ بستہ اشیائے خوردنی ملتی ہیں۔ اب لوگ کھانے پینے کی ایسی بہت سی چیزیں ہر وقت خرید سکتے ہیں جو پہلے کبھی دستیاب نہ ہوتی تھیں۔

اشیا کو یخ بستہ کرنے والی مشین کی کامیابی کے بعد کلیرنس اس فیصلے پر پہنچا کہ وہ تو شروع ہی سے موجد بننے کا خواہاں تھا۔

چناں چہ اس نے ہیٹ لیمپ ایجاد کیے اور بجلی کے بلب بہتر ڈھنگ سے بنائے۔ پھر اُس نے دستی مچھلی پکڑنے کو ایک نیا طریقہ نکالا۔

کولمبس

اٹلی کا شہر جینوا (یورپ کی بندرگاہوں میں شمار ہوتا ہے) میں ۱۴۴۷ء میں کولمبس کا جنم ہوا۔ اس کے والد جلّا کا کام کرتے تھے۔ کولمبس کا پورا نام کرسٹو فر کولمبس تھا۔ بچپن میں ہی کولمبس کو اسکول میں داخل کردا یا گیا۔ جہاں اس نے پڑھنا لکھنا سیکھا۔ کولمبس کا خط (دستخط) ایسا دلفریب تھا کہ اگر خوش نویسی کا پیشہ اختیار کرتا تو بڑا دولت مند بن جاتا۔

اسکول چھوڑ کر جب اس نے ملّاحی اختیار کی، تو تختۂ جہاز پر بھی جب کبھی فرصت ملتی وہ جغرافیہ اور علمِ نجوم کا مطالعہ کرتا۔ کولمبس کو بچپن ہی میں بحری زندگی سے رغبت ہو گئی تھی۔ اس کا گھر بندرگاہ کے قریب تھا۔ اس لیے وہ غیر ملکوں کے جہازوں کو جو بندرگاہ میں داخل ہوتے تھے۔ گھنٹوں بے شوق بھری نگاہوں سے دیکھتا رہتا تھا۔ ملّاحوں سے باتیں کرنے اور بحری سفر کی داستانیں سننے میں اسے بڑا لطف آتا تھا۔ رفتہ رفتہ اس کے دل میں بھی ملّاح بننے کی اُمنگ پیدا ہوئی۔ چناں چہ جب اس نے پہلا بحری سفر اختیار کیا تو اس وقت اس کی عمر صرف چودہ سال تھی۔

ایک مشہور سیاح ٹاسکے نیلی نے کولمبس کو ایک نقشہ بھیجا۔ جو اُس نے خود تیار کیا تھا اور جس میں ایشیا کا مکمل وقوع بعینہ وہاں دکھایا گیا تھا جہاں بحرا وقیانوس کے اُس پار امریکہ واقع ہے۔ اُس سیاح نے کولمبس کے عزم و ہمت کی بہت تعریف کی اور لکھا کہ ہمیشہ مغرب کی جانب سفر کرو۔ کیوں کہ اس صورت میں اگر تم جاپان کی دلفریب سرزمین سے دور بھی جا پڑو گے تو چین

ہندوستان یا ایشیا کے کسی اور ملک میں جا نکلو گے اور اس طرح اپنی منزل مقصود پر پہنچ جاؤ گے۔

معلومات کا یہ ذخیرہ حاصل کرنے کے بعد کولمبس رات دن ایشیا تک پہنچنے کی تدابیر سوچنے لگا۔ یہ کام جہاں عالیشان تھا وہاں نہایت ہی مشکل اور خطرناک بھی تھا۔ سب سے بڑی مشکل یہ تھی کہ اس کے پاس اتنا روپیہ نہ تھا جس سے وہ اس مہم کے لیے جہاز خرید سکے اور کوئی شخص ایسا بھی نہیں ملتا تھا جو ایسے خطرناک کام کے لیے اپنا جہاز اس کو دے۔ اس بے بسی سے وہ بڑا پریشان ہوا۔ کولمبس ہر طرف سے مایوس ہو کر شاہ پرتگال کے دربار میں جا حاضر ہوا اور اپنے عزم کی تمام کیفیت بیان کر کے امداد کا خواستگار رہا۔ مگر اس کو کامیابی نصیب نہ ہوئی۔ پرتگال سے نکل کر کولمبس سپین چلا گیا اور فرڈ نینڈ شاہ سپین اور اس کی ملکہ ازبلا کے حضور میں پہنچا۔ انھوں نے کولمبس کی عرضداشت کو سُنا اور امداد کا وعدہ کیا لیکن بعض شرائط پر جھگڑا ہو گیا۔

کولمبس وہاں سے مایوس ہو کر فرانس کی طرف چل پڑا۔ جب وہ پیلاس پہنچا۔ اس کی ملاقات وہاں کے پادری سے ہو گئی۔ پادری اُسے شاہ سپین کے دربار میں لے گیا اور مسلسل کوششوں سے اس نے بادشاہ اور ملکہ کو کولمبس کی امداد پر آمادہ کر لیا۔ اُس کو مہم کے لیے تین جہاز لے جانے کا حکم نامہ مل گیا۔

آخر کار اُس حکم نامہ پر عمل ہوا اور اُسے جہاز تو ملے مگر بہت چھوٹے تھے۔ سب سے بڑا جہاز صرف ساٹھ فٹ لمبا تھا۔ کولمبس کے ساتھ ۹۰ ملاح منتخب ہوئے ان میں ایک آئرش تھا اور ایک انگریز۔ ملاحوں کے علاوہ چند ایسے نوجوان بھی از خود مہم میں شامل ہو گئے تھے۔ جن کو خطرناک کاموں سے دلچسپی تھی۔ تاہم زیادہ تعداد ایسی آدمیوں کی تھی جو دل سے اس سفر پر نہیں جانا چاہتے تھے

کولمبس کے تینوں جہاز (جن کا نام سانٹا میریا۔ پنٹا۔ نینا تھا) سمندری طوفان کا مقابلہ کرتے ہوئے نہایت تیز رفتاری سے چلے جا رہے تھے جب سفر کرتے ہوئے تین دن گزر گئے۔ تو پنٹا جہاز میں خرابی پیدا ہو گئی مگر کسی طرح سے اُس کو سفر کے قابل بنا لیا گیا۔

طوفانی موجیں اُٹھ اُٹھ کر جہازوں کو درہم برہم کر رہی تھیں اس سے تمام آدمی خوفزدہ ہو گئے تھے اور ہر لحہ زندگی سے مایوس ہونے لگے۔ کولمبس ان کو تسلی دیتا۔ آخر کار انھوں نے اس کی بات ماننے سے بھی انکار کر دیا اور در پردہ مشورہ کیا کہ کولمبس کو رسوں سے باندھ کر سمندر میں پھینک دیں۔ لیکن ایسا قدم اُٹھانے کے لیے کسی کی ہمت نہ پڑتی تھی۔

اگست ۱۴۹۲ میں سمندری سفر شروع ہوا تھا اور یکم اکتوبر تک جہازوں نے ۲۰۰۰ میل کی مسافت طے کر لی تھی۔ لیکن تاہنوز حدنگاہ تک پانی ہی دکھائی دیتا تھا۔

اہلِ جہاز آپے سے باہر ہو گئے اور انھوں نے کولمبس کو صاف کہہ دیا کہ یا تو جہازوں کا رُخ واپس سپین کی طرف کر دیا جائے۔ کولمبس نے انھیں بہترا سمجھایا کہ منزل مقصود اب بلکل نزدیک ہے اور راستے کی مصیبتیں اب ختم ہونے کو ہیں۔ لیکن وہ کسی طرح راہ پر نہ آئے۔ آخر کار کولمبس نے ہار کر تین دن کی مہلت چاہی اور کہا اگر چوتھے دن تک زمین نظر نہ آئی تو وطن کو واپس ہو چلیں گے۔

۱۲ اکتوبر ۱۴۹۲ کی صبح کو جب آفتاب عالمتاب اُفق مشرق سے طلوع ہوا تو اہل جہاز نے اپنے سامنے ایک ایسا جزیرہ دیکھا جس میں کئی میل تک درخت ہی درخت نظر آتے تھے۔ مطلع صاف تھا اور سمندر کی سطح پر سکون تھی۔

زمین کو بوسہ دینے کے بعد کولمبس نے سپین کا شاہی جھنڈا لہرایا اور جزیرے کو سان سالویڈور کے نام سے موسوم کیا۔ کولمبس نے جزیرہ

سان سالو یڈور کی نباتات کو نہایت عجیب و غریب پایا۔ لمبے لمبے گھنے درخت عجیب قسم کے میووں سے لدے کھڑے تھے۔ زمین پر عجیب طرح کی گھاس اُگی ہوئی تھی۔ چھوٹے چھوٹے پودوں میں نہایت خوش رنگ پھول لگے ہوئے تھے۔ جزیرے میں بسنے والے لوگ بھی نرالی وضع کے تھے۔ ان کا قد اُونچا اور رنگ سرخی مائل بھورا تھا۔ سر پر لمبے اور گھنے بال تھے جو دونوں شانوں پر پڑتے تھے۔ سارے بدن پر سرخ سفید اور کالے رنگ کے نقش و نگار بنے ہوئے تھے۔ مگر کپڑا بالکل نہ تھا۔ ناک کے اوپر ایک کالی لکیر تھی اور آنکھوں کے گرد سرخ رنگ کا دائرہ کھنچا ہوا تھا۔ ان کے ہتھیار لکڑی کے تھے۔ جو چنداں خطرناک نہ تھے۔ کولمبس نے ان کو ریڈ انڈین یعنی سرخ ہندیوں کے نام سے موسوم کیا۔ اس کا خیال تھا کہ یہ جزیرہ ہندوستان کے قریب ہے۔

۴ر جنوری ۱۴۹۳ء کو کولمبس اپنے منتخب آدمیوں کے ساتھ جہاز نینا میں سوار ہو کر سونے کی تلاش میں مشرق کی جانب روانا ہوا۔ کولمبس نے سونا اکٹھا کیا اور مشرقی ساحل تک پہنچنے سے بیشتر اُس کو ایک خطرناک قوم سے دو چار ہونا پڑا۔

یہ قوم اہل جزیرہ کے لیے بلائے جان بنی ہوئی تھی۔ اس لیے کولمبس کو اس کے مقابلے کے لیے خاص اہتمام کرنا پڑا۔ جنھوں نے نہایت جانبازی سے کام لیا اور دو آدمیوں کو مار کر باغیوں کو بھگا دیا۔ نئی دُنیا میں کشت و خون کا یہ پہلا واقع تھا۔

اس کے علاوہ بھی کولمبس نے کئی سمندری سفر کیے۔ جن میں اسکو کافی خطرات سے دو چار ہونا پڑا مگر اس نے خطرات کے خیال کو دل کے نزدیک آنے ہی نہ دیا۔ اُس کے دِل و دماغ میں اکثر یہی دھن سوار رہتی تھی کہ جو بحر اوقیانوس کی ڈراونی لہروں کو چیرتا ہوا ایشیا کے ساحل

پر پہنچ جائے۔ اس نے اپنے خواب کو شرمندہ تعبیر کرنے کے لیے کافی حد تک کامیابی حاصل کر لی۔

کولمبس کچھ دنوں کی علالت کے بعد ۲۰ رمئی ۱۵۰۶ ؁ کو وہ اِس دُنیائے ناپائدار سے انتقال کر گیا اور اس طرح ایک زبردست شخصیت جس نے بحر اوقیانوس کے قیامت خیز طوفانوں کا مقابلہ کر کے انجام کار جزائر غرب الہند، جنوبی امریکہ اور وسطی امریکہ کے ساحلوں کو دریافت کیا۔ عدم کے پردے میں روپوش ہو گئی۔ اس کے بیٹوں نے اُسے سیول میں دفن کیا۔

"کولمبس نے سپین کو ایک نئی دُنیا عطا کی یہ بات سپین کے لیے فخر کا باعث ہے۔

ل۔ احمد۔ اکبر آبادی

لطیف الدین احمد صاحب ۸ / اپریل ۱۸۸۵ء کو آگرہ میں پیدا ہوئے انھوں نے انگریزی طریقے پر اپنے نام کو تخفیف کر کے لطیف الدین کی جگہ صرف اس کا پہلا حرف "ل" استعمال کرنا پسند کیا اور اپنا نام ل۔ احمد لکھنے لگے۔ ان کے والد بزرگوار کا نام فتح محمد تھا۔ وہ حافظ قرآن بھی تھے ان کے والد کا ذریعہ معاش لکڑی کوئلے کی ٹال تھی۔

ل ا پنے بارے میں ایک جگہ لکھتے ہیں کہ "ہر چند میری زندگی میں نشیب و فراز بار بار آئے مگر گزر بھی جاتے رہے، وقت کو گزر جانے کی عادت بھی ہے۔ مگر بار بار کی یہ کامیابی مجھے بے حوصلہ کبھی نہ کر سکیں۔ میں بہر حال اس عقیدے کا آدمی ہوں کہ شدائد زیست آدمی کو کچھ بہتر انسان بنا جاتے ہیں۔ ہندی کی ایک کہاوت ہے کہ "جس کی نہ پھٹی ہو بوائی، وہ کیا جانے پیر پرائی ۔۔۔۔۔۔۔"

ل۔ احمد صاحب نے فارسی شروع میں منشی عبداللہ کے مدرسے میں، جو صدر بازار آگرہ کے محلے نو نکھا میں قائم تھا سے ابتدا کی، مگر جب مدرسہ حنیفیہ قائم ہو گیا۔ تو فارسی کی تکمیل انھوں نے وہاں کی۔ فارسی کا نصاب پورا کر کے ل۔ احمد صاحب نے عربی پڑھنا شروع کیا۔

والد بزرگوار کے انتقال کے بعد گھر والوں نے ان کو دکان پر بٹھا دیا۔ علی گڑھ کالج کی ٹیم کرکٹ کا میچ کھیلنے آیا کرتی تھی۔ محلے کے لڑکوں کے ساتھ ل۔ احمد صاحب کو بھی کرکٹ کا شوق چرآیا اور ان کے ذہن میں

یہ بات آچکی تھی کہ انگریزی بولے بغیر کرکٹ کھیل ہی نہیں جاتی۔ انھوں نے خود ہی جاکر مشن اسکول میں داخلہ لے لیا اور ایک گنوار درزی سے زین کی ایک پتلون بھی سلوالی۔ دو جماعتیں پڑھ پائے تھے کہ نوکروں کے ہاتھوں کاروبار چوپٹ ہو گیا۔ اور انھیں اسکول پھر چھوڑنا پڑا۔

۱۹۱۲ء کو انھوں نے خود ہی ایک کتاب کی مدد سے انگریزی سیکھنا شروع کیا اور کچھ مہینوں میں ہی ٹوٹی پھوٹی زبان میں گفتگو اور مراسلت کرنے کے قابل ہو گئے تھے۔

کاروبار کے سلسلے میں انھوں نے ۱۹۰۷ء کا سال دلی میں گزرا۔ پھر چمڑے کی خریداری کے لیے لشکر گوالیار گئے یہاں وہ ۱۹۰۸ء کے شروع سے ۱۹۱۰ء کے آخر تک رہے۔ قیام لشکر کی مدت میں انھوں نے اردو کا سارا قابل ذکر عصری ادب کا مطالعہ کر لیا تھا۔

۱۹۲۳ء کے میونسپل الیکشن میں چھ دوسرے کانگریسی امیدواروں کے ساتھ یہ بھی منتخب ہوئے تھے۔ اور ۹ سال تک میونسپل کمشنر رہے جب ان کا قیام زیادہ تر کلکتہ میں ہونے لگا تو انھوں نے میونسپل بورڈ کی کرسی شپ سے استعفا دے دیا۔

ل۔ احمد صاحب نے ترک موالات کی تحریک میں ساری توجہ خلافت کمیٹی کے پروگرام پر صرف کی۔ انھوں نے بدیشی کپڑے کے بائیکاٹ پر زور دے رکھا تھا اور کپڑے کی دوکان کی پکٹنگ کرتے رہے۔

ایک جگہ اپنے بارے میں لکھتے ہیں کہ ”چوں کہ آزادی وطن مقصود تھی اور کچھ قلم چلانا بھی آتا تھا۔ میں نے سیاسی موضوعات پر کافی لکھا، کوئی دس سال تک لکھتا ہی رہا۔ میرے مضامین اخبار ”مدینہ“ بجنور اور ”قومی آواز“ لکھنؤ میں شائع ہوتے تھے۔

انھیں ملک و قوم کے مفلس کی زندگی کے مطالعے اور اس کے چیند در چیند درد ناک پہلوؤں کے سمجھنے میں ید طولیٰ حاصل تھی چنانچہ مزدوروں کے نفسیات وہ خوب سمجھتے تھے۔ اس لیے سماجک ظلم کی نفرت نے ان کے دل میں گھر بنا لیا تھا۔ یہ مطالعہ انھوں نے بہار اور بنگال کی سرزمین کے قیام کے دوران کیا تھا۔

انگریزی زبان میں لکھے ہوئے افسانے ل۔ احمد صاحب کو پسند آتے تھے۔ انھوں نے محسوس کیا کہ وہ خود کوئی ایسا افسانہ نہیں لکھ سکتے۔ اس لئے ۱۹۴۱ء میں انھوں نے افسانہ نویسی ترک کر دی اور اپنی پسند کے منتخب افسانوں کا ترجمہ کرتے رہے۔

منشی پریم چند ہی کی طرح ل۔ احمد نہ مبالغے کی قوت سے کام لیتے ہیں، نہ اپنے دلِ نشین اسلوب کو، عبارت آرائی کی اعانت کا دست نگر بناتے ہیں۔ ٹھیٹ زندگی کی کہانیوں کے لیے یہ اصول نگارش اصول زریں بتایا جاتا ہے۔ اس لیے کہ اس کی افادیت ہی اس کی زرینی ہے۔ لیکن زرینی سے بالاتر، یہ خصوصیت حقیقت نگاری کے مشرب کا دین و ایمان بھی ہے۔

ل۔ احمد صاحب کے طنزیات د گلام۔ ڈپٹی، قربانی کا بکرا وغیرہ "صبح و شام" نامی مجموعے میں شامل ہیں، جن میں مردم شناسی کی اہلیت نمایاں ہے، مگر انتہا افسانوی دولت ہے۔ خود ان عنوانوں میں، بیش از بیش معنویت پوشیدہ ہے۔ بیان کا چٹپٹا پن مزید لذت ہے۔ انفرادی رنگ سے قطع نظر، نوعی، فنی، مضاعفہ معیار سے یہ سرشار کے مرقعوں کے مماثل و ہمطرح ہیں۔ یہ ہلکے مزاحیہ افسانے بے لاگ، بے لوث، کھری کردار نگاری کی اردو میں دوسری کامیاب مثال ہیں۔ یہ نہ دوست نوازی ہے، نہ وطن پرستی، نہ بلند آہنگی، بل کہ داخل فیصلے کا بے کم و کاست بیباکانہ اعلان ہے۔

ل ۔ احمد صاحب کے مختصر افسانوں میں کہانی کا لفظ، عروج اس لیے باعث کشش ہے۔ کہ یہ ہمیشہ علوے نفس کی آئینہ داری بھی کرتا ہے۔ اس میں محبت، امیرزادی کی ہو یا دُخت (بیٹی) مزدور کی، ہمیشہ نوع بہ نوع ایثار کا جلوہ دکھاتی ہے۔

ل ۔ احمد صاحب نے کچھ مضامین ایسے بھی لکھے ہیں، جن سے ان کے مطالعے کے متنوع ہونے کا پتا چلتا ہے۔ اس سلسلے میں ان کے دو مضمونوں کی طرف خاص دلانا ضروری ہے۔ یہ مضامین ہیں" جاپانی شاعری" اور" سیفو" اگرچہ یہ دونوں تقریباً ترجمے کی جنت رکھتے ہیں، لیکن ان کے مولف نے بڑی وقت نظر اور دیدہ دری سے کام لیا ہے۔ ل احمد صاحب نے ان کے ترجمے میں شعری لطافت کو برقرار رکھنے کی پوری کوشش کی ہے۔ اسی طرح "سیفو" کی بعض نظموں کے ترجمے میں شاعرانہ حُسن کی موجودگی اس بات کا پتا دیتی ہے کہ انھوں نے ترجمے میں اپنی اُدبی صلاحیت سے پوری طرح کام لیا ہے۔

ل ۔ احمد صاحب ایک اُدبی دور، ایک اُدبی زاویے، ایک اُدبی ذوق کے نمائندے تھے۔ اس غیر موسوم دلبستاں فن نے ہمیشہ اخلاق کریمانہ کی محبت و عظمت پر اصرار کیا۔ یہ ہمارے کلاسیکی تمدن کا ورثہ بھی ہیں۔ اسی محبت و عظمت کو اپنے لیے مشعل راہ بنا دیا تھا۔

آگرے کی ادبی شخصیتوں میں ل ۔ احمد صاحب کی شخصیت گُلِ سرسبد کی حیثیت رکھتی تھی۔ وہ" ادب لطیف" کے بانیوں میں بھی ہیں اور اسے معراج کمال تک پہنچانے والے بھی۔ لیکن ان کا کارنامہ یہیں تک محدود نہیں ہے۔ وہ وقت اور زمانے کے ساتھ برابر بدلتے اور ترقی کرتے رہے تھے۔ ان کا طرز تحریر اور ان کے موضوعات ہمیشہ ترقی پذیر زمانے کا ساتھ دیتے رہے اور وہ ہمیشہ صفِ اوّل کے نثر نگاروں میں شمار کیے جاتے رہے۔ ان کا ایک وصف جوان کو بہت سے نثر نگاروں سے ممتاز کرتا ہے۔ وہ ان کی ترجمہ کرنے کی بے مثل صلاحیت ہے ان کا

ابتدائی دور کا ترجمہ "لالہ رخ" آج بھی حرف آخر کی حیثیت رکھتا ہے۔

ل۔ احمد صاحب کے مزاج میں نرمی اور انکساری اس حد تک ہے کہ جاننے والے یہ بات بھی فرض کر لیتے ہیں کہ جس معاملے میں ان سے اصرار اور وثوق کے ساتھ کہا جائے، وہ اس کے متعلق وہی رائے قائم کرینگے، جو خود ان کی تھی ان کی سادگی طبیعت اور حسن اخلاق کا بھلا کون ہے جو قائل نہیں ہوگا۔ وہ ادبی کاموں میں نوجوان طبقے کی ہمیشہ ہمت افزائی کرتے تھے اور جہاں تک ہو سکا، اپنی علمی و ادبی معلومات سے انھیں مستفید کرتے تھے۔

جس طرح شبلی نعمانی نے اردو کو ایک علمی زبان عطا کی، جس طرح ابوالکلام آزاد نے اردو کو صحافتی زبان دی، اسی طرح ل۔ احمد نے اردو کی ادبی اور افسانوی زبان کا سانچا تیار کیا۔

ل۔ احمد صاحب نے نئی نئی ترکیبیں وضع کی ہیں کچھ جدید الفاظ کی ترکیبیں یوں بھی گھڑی ہیں۔

سیاہ جھنڈے کو	شبرنگ پرچم	
نوجوان عورت	"	آتشکدہ حسن
بلند قد		طوبیٰ قامتی
سیاہی چشم		النور تاریک
روشن آنکھ	"	مرواریدی آنکھ

اُن کی کتابیں "انشائے لطیف" اور "نغمات" بدیع اور جدید ترکیبوں سے بھری پڑی ہیں۔

لطیف الدین احمد اکبر آبادی ہمارے درمیان نہیں رہے مگر ایک ساتھ افسانہ نگار۔ مقالہ نویس، نقاد، محقق زبان وادب اور مترجم کے طور پر نمایاں نظر آتے ہیں اور آتے رہیں گے۔ اُن کی مضمون آفرینی، خیال بندی، جدت ادا،

واقعہ نگاری اور اس پر ان کی سادگی بیان، ہندی الفاظ کا مناسب استعمال ان کی تحریروں کی نمایاں خصوصیات ہیں۔ یہ وہ خوبیاں ہیں جو ان کی تخلیقات میں صاف اُجاگر ہیں اور جو پڑھنے والوں کو ہمیشہ متاثر کرتی رہیں گی۔

ایک فن کار اپنی زندگی میں کچھ دے جاتا ہے، اس میں سے کئی چیزیں جو زندہ رہ جاتی ہیں، مستقبل میں کام آتی ہیں اور انھیں کی بنیاد پر ادب میں کسی شخصیت کا مقام متعین ہوتا ہے۔ ایسی ہی شخصیت ل۔ احمد اکبرآبادی صاحب کی تھی جو چند ہی الفاظ میں اپنی رائے کا اظہار کر کے مزید گفتگو کی گنجائش ہی باقی نہیں رہنے دیتے اور کہنے والوں کو اس کا موقع نہیں رہتا کہ وہ اصرار راہ رمز یہ دلائل پیش کرنے کی جرأت بھی کر سکیں۔ ادب لطیف کے بانیوں میں ان کا نام سرفہرست رہے گا۔

لال بہادر شاستری

دُنیا کی کسی عظیم الشان ہستی کے متعلق کچھ لکھنا اتنا آسان کام نہیں ہے جتنا لوگوں کا خیال ہے اور مکمل مضمون سے کہیں زیادہ اہم اور دشوار ہوتا ہے اور پھر طبیعت بھی گوارا نہیں کرتی کہ ایک سرسری نظر ڈال کر گزر جاؤں اور نہ میرا یہ کام ہے۔

ہندوستان کے جلیل القدر فرزند شری لال بہادر شاستری کی جتنی تعریف کی جائے کم ہے۔ شاستری جی کا جنم وارانسی میں ۲؍ اکتوبر ۱۹۰۴ء کو ہوا۔ ان کے والد صاحب ایک اسکول مدرس تھے۔ ۱۹۲۱ء میں گاندھی جی کی پکار پر شاستری جی ہندوستان کی تحریکِ آزادی میں شامل ہوئے۔ اس وقت سے انھوں نے اپنی ساری زندگی وطن کی خدمت میں گزار دی۔ کئی بار جیل کی سزا بھی بھگتی۔ پنڈت جواہر لال نہرو کے عہد وزارت میں شاستری جی مجلس وزراء میں شامل رہے۔ ۱۹۶۳ء میں کامراج منصوبے کے تحت شاستری جی اپنے عہدہ سے الگ ہو گئے۔ لیکن پنڈت نہرو کے اپنے آخری ایام میں انھوں نے شاستری جی کو بغیر محکمہ کا وزیر مقرر کر دیا تا کہ وہ ان کے بھاری کام میں ہاتھ بٹا سکیں پنڈت نہرو کے معمد و شریک کار ہونے کا باعث ہی ان کی وفات کے بعد اس ملک کی کشتی کے خدا چن لیے گئے۔ یعنی آزاد ہندوستان کے وزیر اعظم بنا لیے گئے۔

وزیر اعظم بنے (۹؍ جون ۱۹۶۴ء) کے فوراً بعد شاستری جی کو دل کا دورہ پڑا ٹھیک ہونے پر آپ اسی طرح کام میں مصروف ہو گئے اور ۱۷-۱۶

گھنٹے کام کرتے رہتے۔ وزیر اعظم ہند چنے جانے کے بعد انھوں نے اپنی پالیسی کا اعلان کیا اور کہا۔

"بھارت کو عملی سماج واد کی ضرورت ہے۔ اہم بات یہ ہے کہ ہم عوام کیلیے کیا کچھ کرسکتے ہیں۔ جتنی زیادہ ہم اپنے کام میں کامیابی حاصل کریں گے۔ اتنا ہی سماج واد کے نزدیک پہنچیں گے۔ امیر اور غریب کے درمیان جو اتنی خلیج ہے اسے پُر کرنا ہے۔"

شاستری جی حسب ضرورت سب کی رائے ضرور لیتے تھے۔ آپ بدیش میں جہاں جہاں گئے ہیں اپنی شخصیت کا اثر چھوڑ کر آئے۔ قاہرہ غیر جانبدار کانفرنس میں شاستری جی نے امن قائم کرنے کے لیے ٹھوس پروگرام کے طور پر پانچ نکتے پیش کئے۔ (۱) ترک نیوکلیائی اسلحہ (۲) سرحدی جھگڑوں کا باہمی نپٹارہ (۳) غیر ملکی توسیع زیادہ دخل اندازی اور قومی امتیاز سے آزادی (۴) بین الاقوامی تعاون کے ساتھ اقتصادی ترقی (۵) اتحادی سبھا کے امن پروگرام کی پوری پوری حمایت۔ شاستری جی کی تقریر کا بڑا اثر ہوا اور کانفرنس کا خاص پرستاؤ ان نکتوں کے مطابق پاس کیا گیا۔

شاستری جی کتنے عظیم تھے اس واقعے سے صاف ظاہر ہو جاتا ہے ایک مرتبہ جب وہ وزیر ریل تھے ایک ریل حادثہ ہو جانے کی وجہ سے جس سے ان کی ذات کا سمبندھ نہیں تھا۔ شاستری جی نے وزارت سے استعفیٰ دے دیا۔ اور اس طرح انھوں نے بھارت کے جمہوری نظام میں ایک صحت مند روایت قائم کی۔

قاہرہ کے بعد شاستری جی نے روس اور کینیڈا کا چکر لگایا اور دور دور تک اپنی شخصیت کا سکہ بٹھا کر آئے۔ سب سے زیادہ اہمیت ان کو پاکستان کے ساتھ ہوئی جنگ میں ملی۔ اس لڑائی میں لاہور کا دوسرا فرنٹ کھول کر شاستری

جی نے لڑائی کا رُخ موڑ دیا اور پاکستان کو لینے کے دینے پڑ گئے۔ آزاد ہندوستان کی افواج لاہور کی سرحد میں داخل ہو گئیں۔ اس جنگ کے دوران ہی شاستری جی نے ملک کو نعرہ دیا تھا۔ "جے جوان۔ جے کسان"

اِس جنگ میں فتحیاب ہو کر لال بہادر شاستری جی ملک کے خوش قسمت لیڈر کے طور پر اُبھر کر سامنے آئے۔ پنجاب میں دیہات کے لوگوں نے یہ کہنا شروع کر دیا۔ "لال بہادر ہے تو پڑا ہی مگر نشہ بوتل جتنا آ گیا ہے۔"

شاستری جی نے ثابت کر دیا کہ چھوٹے قد کا آدمی بھی بڑا ہوتا ہے۔

روس کے وزیر اعظم کوسی گن نے ہند و پاک کے حالات کو بہتر بنانے کے لیے صدر پاکستان ایوب محمد خاں اور بھارت کے وزیر اعظم لال بہادر شاستری جی کو روس کے اہم شہر تاشقند میں دوستانہ گفتگو کے لیے مدعو کیا۔ یہ تاریخی ملاقات جنوری ۱۹۶۶ء میں ہوئی۔ اس میں امن کے شیدائی لال بہادر شاستری نے اپنی پوری طاقت ہند و پاک میں دوستانہ تعلقات بحال کرنے میں صرف کر دی۔ آخر ۱۰ جنوری ۱۹۶۶ء میں تاشقند سمجھوتہ پر دستخط ہو گئے۔ جس کے رو سے بھارت اور پاکستان نے اپنے باہمی جھگڑے گفتگو کے ذریعہ طے کرنے کا عہد کیا۔

لیکن ابھی اس معاہدہ پر دستخط ہوئے چند ہی گھنٹے گزرے تھے کہ دل کی حرکت بند ہو جانے کے سبب لال بہادر شاستری کی روح پرواز کر گئی۔

شاستری جی کو مرحوم لکھتے ہوئے قلم تھر تھرا تا ہے مگر اس حقیقت پر پردہ ڈالنے کی ضرورت ہی کیا ہے کہ وہ اپنے بلند اخلاق اور ہنس مکھ چہرے کے ساتھ ہم میں نہیں رہے، ہم اس ہنس مکھ چہرے کو ڈھونڈیں گے۔ اور انھیں پا ئیں گے۔ ایسے بلند اخلاق کو ہماری آنکھیں تلاش کریں گی اور وہ نظر نہیں آئے گا۔ لیکن اس حقیقت سے کوئی انکار نہیں کر سکتا کہ جب تک ان کے کام موجود ہیں وہ زندہ رہیں گے۔

لال بہادر کی زندگی کا ایک پہلو خاص طور پر قابلِ ذکر ہے وہ ان کی غریبی تھی۔ آپ تمام عمر غریب رہے۔ جتنی دیر آپ سنگھرش کرتے رہے۔ آپ کے پریوار کا گزارہ آپ کی بیوی شریمتی ملتا دیوی ایک سچی ہندو عورت کی طرح کرتی تھی کئی مرتبہ ان کے گھر کھانا تک نہیں ہوتا تھا۔ اور اکثر ملتا دیوی کے پاس موٹر کا کرایہ نہیں ہوتا تھا۔ کہ وہ جیل میں جاکر اپنے خاوند سے ملاقات کر سکے۔ انکے بچوں کو دودھ پینا تب نصیب ہوا جب شاستری جی پارلیمان سیکرٹری بنے۔

شاستری جی کوئی بنک بیلنس چھوڑ کر نہیں گئے۔ یہ مثال اپنے آپ میں لاثانی ہے۔ دُنیا کے اور کسی بھی وزیر اعظم میں آپ جیسی بات ملنا مشکل ہے۔ للتا دیوی کے پاس صرف تین کھدر کی ساڑھیاں ہوتی تھیں اور چولیاں وہ اپنے خاوند کے پھٹے کرتوں میں سے بنا لیتی تھیں۔ خوبی کی بات یہ ہے کہ لال بہادر جی للتا دیوی کے من پر دیش سیوا کی راہ میں غریبی کا کبھی کوئی تاثر دکھائی نہیں دیا۔ اور ان کے اس حالات کو کبھی اپنے آپ پر حاوی نہیں ہونے دیا۔

لال بہادر شاستری بنیادی طور پر پابند اور مہاتما گاندھی کے حقیقی پیروکار تھے لیکن جب فرض کو پورا کرنے کے لیے جنگ میں اترنا پڑا تو شاستری جی نے پختہ ارادے کے ساتھ مقابلہ کیا اور فتح حاصل کی۔

انگریزی کے ایک ادیب نے لال بہادر شاستری کا ارجن سے مقابلہ کیا جو اپنے ہی رشتہ داروں اور سمبندھیوں کی جان لینے کے لیے تیار نہیں تھا لیکن جیسے بھگوان شری کرشن نے لڑائی کے میدان میں اس طرح کہا کہ "تیرا فرض کسی برے جذبے والا نہیں بلکہ تیری فرض شناسی کی عدالت ہوگا۔"

سب اہلِ وطن، وطن میں روتے ہیں تجھے
شہر دوست دشمن میں روتے ہیں تجھے

لال بہادر شاستری جی کی طرح قوم پرست فرض شناس اور غریبوں کا مسیحا ہندوستان کو لیڈر ملنا مشکل ہے جس نے ساری زندگی سادگی اور سچائی کے اصولوں پر گزار دی۔

مقبول شاہ کرالہ واری

وادی کشیر نے تیرھویں صدی سے لے کر بیسوی صدی تک کئی درویش منش بزرگوں اور صوفیوں نے جنم دیا۔ جو بیک وقت شاعری کے میدان کے شہوار بھی رہے ہیں۔ کشیری شاعری میں مجموعی طور پر تصوف (علم معرفت) کا جو فکری سرمایہ ملتا ہے۔ وہ اسلامی تصوف اور فلسفہ ویدانت کے بنیادی عناصر کے امتزاج سے مکمل ہوتا ہے۔ یہ امتزاج (آمیزش۔ ہم آہنگی) ہر شاعر کے یہاں صوفیانہ خیالات اور اس کے اسلوب میں جھلکتا ہے۔

مقبول شاہ کی شاعری میں تصوف بھی موجود ہے۔ مقبول شاہ ۱۸۲۰ء میں کرالہ واری (یہ گاؤں سری نگر کے جنوب میں ہے) میں ایک سیّد گھرانے میں پیدا ہوئے۔ ان کے والد خواجہ عبدالقدوس تھے۔ وہ ایک نیک اور بزرگ آدمی تھے۔

مقبول شاہ نے ابتدائی تعلیم و تربیت اپنے والد بزرگوار کی زیر تربیت میں حاصل کی۔ عربی، فارسی کی کچھ ابتدائی کتابیں پڑھی۔ ان کو ابتدائی عمر ہی سے شعر و شاعری کی کتابوں سے خاص لگاؤ تھا۔ اور اساتذہ کے اشعار فوراً اسکے نوخیز ذہن پر نقش ہو جاتے تھے۔

ان کی صحت بچپن ہی سے خراب رہی۔ بیس برس کی عمر سے ان کو زکام اور بخار کی شکایت رہنے لگی بعد میں یہ تپ دق کے مرض میں گرفتار ہو گئے۔ چونکہ آمدنی کا کوئی خاطر خواہ ذریعہ نہ تھا۔ اس لیے تسلّی بخش علاج کروا نہ سکے۔ اس کے علاوہ ایک بیٹے کی جواں مرگی نے ان کو شدید طور پر متاثر کیا۔ اس کے بعد ان کی بیوی بھی وفات پا گئیں۔ آخر مقبول شاہ بھی مختصر عمر میں (۱۸۵۵ء) موت کی آغوش میں سو گئے۔

مقبول شاہ نے بیس برس کی عمر سے شاعری شروع کی ۔ ابتدا میں انھوں نے حبہ خاتون کا تتبع (پیروی کرنا) کیا اور محبوب کے خدوخال لب و رخسار اور قد و گیسو کی رنگین باتیں غزل کے ایمائی انداز میں بیان کرنا شروع کیں ۔

مقبول شاہ کو حالات نے بے شمار زخم دیئے اور یہ زخم اس وقت تک رستے رہے جب تک وہ زندہ رہے ۔ ان کی آرزوں کی آواز ان کے اشعار میں نغز ریز ہے ۔ یہ آواز درد دل کی آواز ہے ۔ آزاد کے کلیات مقبول کے دیباچے میں اسی آواز کو جھکتے ہوئے ہی سہی " درد مقبول " کا نام دیا ہے ۔

مقبول صاحب ایک کشمیری شعر میں فرماتے ہیں ۔" جدائی کی تیز آگ سے مقبول آتش کی لکڑی کی طرح جل رہا ہے ۔ اس کی سوزش کبھی مدھم نہیں پڑتی ۔ میرا دل پگھل رہا ہے ۔ اے سہیلی اسے لے آؤ ۔ "

مقبول شاہ کی غزلوں میں کبھی کبھی آرزوں کی ترنگ اور مسرت کا آہنگ بھی ملتا ہے ۔ ایسے لمحے بہت مختصر ہوتے ہیں ۔ ایسا محسوس ہوتا ہے ۔ جیسے گھٹا ٹوپ اندھیرے میں بجلیاں رقص کرتی ہیں ۔ آمد بہار کی رنگینیاں شاعر کے احساسات کو گدگداتی ہیں ۔ قدم قدم پر شفاف جوئباروں کے سحر آفرین نغمے مچلتے ہیں دور دور تک دھان کی فصلوں کے نرم اور رنگین آنچل ہوا میں لہراتے ہیں ۔ اس شاداب اور لہکتی ہوئی فضا نے شاعر کے احساس کو نکھارا ہے اس کے خیالوں میں پھولوں کی شگفتگی اور جھرنوں کے مدھر سنگیت کو بھر دیا ہے ۔

مقبول صاحب ایک جگہ شعر کی شکل فرماتے ہیں ، " مقبول دوست کی راہ میں رہبر کے بغیر نہ چل ۔ تو صاحب دلوں کی پیروی کرکے سراغ پالے ۔ "

یہ صاحب خود کس پیر کامل کی رہبری کا شرف حاصل کرتے ہیں ۔ اسکے بارے میں کچھ نہیں کہا جاسکتا ۔ کئی لوگوں کا خیال ہے کہ انھوں نے ابتدائی تربیت اپنے والد ماجد سے حاصل کی ۔ وہ صاحب ریاضت بزرگ تھے ۔

دُنیا کی بے ثباتی کا مضمون شاہ نے بار بار دہرایا ہے فرماتے ہیں، "اس دُنیا میں ہمیں کس واسطے آنا تھا۔ یہ آخر میں وفادار نہیں۔ یہاں کیا لینا دینا ہے حسرت کے سوا۔ غور سے دیکھ لے دوست عیاں ہے۔۔۔۔"

مقبول شاہ نے اپنی مختصر سی زندگی میں گراں قدر تخلیقات پیش کی ہیں۔ غزلیات کے علاوہ انھوں نے اور بھی کئی موضوعات پر کتابیں لکھی ہیں۔ ان چند زیور آراستہ کتابیں۔

کلیات مقبول، گل ریز، گرلیت نامہ، بہار نامہ، پیر نامہ، عیوب نامہ اِن کے علاوہ انھوں نے چار اور کتابیں (۱) منصور نامہ (۲) آب نامہ (۳) نار نامہ (۴) بے بوجھ نامہ بھی لکھی ہیں۔

مقبول شاہ نے کشمیری شعر و ادب کی گراں قدر خدمات سر انجام دی ہیں۔ انھوں نے پہلی بار "گل ریز" مثنوی لکھ کر کشمیری زبان کی وسعت اور لچک کا احساس دلایا۔ وہ ایک بڑے فن کار تھے اور ایک ہمہ گیر اور دل کش شخصیت کے مالک کی حیثیت سے وہ کشمیری شاعر کے اساتذہ کی صف اولین میں اپنا مقام حاصل کر چکے ہیں۔

بقول پروفیسر حامدی کاشمیری، "مقبول صاحب کی صوفیانہ شاعری میں خیالات کی وہ پختگی اور فکری اور روحانی تجربات کی وہ جامعیت اور ہمہ گیری نہیں جو للہ عارفہ یا شمس فقیر کے کلام کا طرّہ امتیاز ہے۔"

مقبول شاہ کی کچھ کشمیری غزلوں کے اشعار وں کا اردو ترجمہ۔

۱۔ میرے مخلص دوست، تو اچانک آجا تاکہ مجھے سکون اور آرام ملے تو میرے شکوے گلے سے ناراض نہ ہوجا۔ آجا مجھے تجھ پر پیار آرہا ہے۔

۲۔ اس کے ہونٹوں کو دیکھ کر سرخ پھولوں پر رنگ آگیا۔ لعل یمن اسی لیے پتھر میں چھپا ہے۔ عشق کی آگ مدہم نہیں ہوتی۔

۳۔ مقبول کیوں ہم دُنیا میں آتے ہیں۔ آخر موت کی شراب پینا ہے۔ موت کی شراب پینے کے بغیر کوئی چارہ نہیں۔ افسوس تو عزدر کر رہا ہے

۴۔ تو نے مجھے عشق کے پھندے میں گرفتار کر لیا۔ اب مجھے دستگیری کر سے۔

میں خستہ حال ہوگیا۔ تو نے میری سرو جیسی جوانی پر کلہاڑا مارا اور میرے جڑوں تک کی خبر لی۔ میں نے اپنی ساری جوانی تجھ پر گنوا دی۔ حکومت اور سلطنت فوراً چھوڑ دی۔ تیری کمان سے میرے سینے میں تیر مار رہے ہیں۔ میں زخمی ہو کر زمین پر لوٹ رہا ہوں۔

۵ - اے رسول کردگارؐ چار یار کی خاطر مقبول کی آہ زاری سُن۔

محمدؐ قلی قطب شاہ

شہر فرخندہ بنیاد حیدرآباد کے بانی اور اردو زبان کے پہلے صاحب دیوان شاعر سلطان محمد قلی قطب شاہ تھے۔ انھوں نے ۱۵۹۰ء میں حیدرآباد شہر کا سنگ بنیاد رکھا اور ۱۵۹۱ء میں حیدرآباد ایک شہر کی حیثیت سے موسیٰ ندی کے کنارے عالم وجود میں آیا۔

ایک شاعر کی حیثیت سے قطب شاہ نے دکھنی، فارسی اور تلگو زبان میں اعلا پیمانہ کی شاعری کی ہے۔ قلی قطب شاہ کی شاعری تلنگانہ کی تہذیب کا ایک مرقع ہے۔ وہ صرف بادشاہ نہیں بل کہ تہذیب و تمدن کے معمار بھی تھے۔

حیدرآباد میں قلی قطب شاہ کی بہت سی ایسی یادگاریں موجود ہیں جنکو دیکھنے سے پتا چلتا ہے کہ قطب شاہ کی شخصیت میں ایک آرٹسٹ کا ذہن بھی کارفرما تھا۔ چارمینار کو دیکھنے والا قلی قطب شاہ کے اس ذہن کا بآسانی پتا چلتا ہے۔

قلی قطب شاہ کا فارسی کلام ایک مسلم معیاری کلام ہے۔ بیجاپور اور گولکنڈہ والوں نے دکھنی زبان کو فروغ دیا اور دکھنی زبان بول چال کی ایک زبان بن گئی۔ قلی قطب شاہ نے دکھنی زبان میں بھی شاعری کے تجربے کیے۔ زبان کے نئے سانچے بنائے جس سے دکھنی زبان کو ایک اچھی علمی زبان کی حیثیت حاصل ہوگئی۔ ابتدا میں دکھنی زبان کو ذریعہ تعلیم کے قابل نہیں سمجھا جاتا تھا۔ لیکن محمدؐ قلی قطب شاہ نے اس زبان کے نکھارنے اور بنانے میں وہ نمایاں حصہ لیا ہے کہ آج بھی یہ زبان اپنی اہمیت کا لوہا منواتی ہے۔

قلی قطب شاہ صاحب دیوان تھے اور انھوں نے سب سے پہلے دکھنی زبان میں قصیدے۔ مرثیے۔ نظم غرض ہر صنف سخن میں طبع آزمائی کی۔ قطب شاہ نے "پھگڑی پھو" اور "آکھ مچانی" پر تک شاعری کی ہے۔

قلی قطب شاہ کا دیوان تلنگانہ ایک ایسا تہذیبی خزانہ ہے جس سے آنے والی نسلیں بھی فیض حاصل کرینگی ۔ ان کی زبان معیاری کلاسیکی اردو ہے ۔ قلی قطب کو بادشاہ وقت ہونے کی حیثیت سے اجتہاد اور ایجاد کا اجارہ بھی تھا ۔شاید یہی وجہ ہے کہ قلی قطب کی زبان میں جس قدر تنوع ملتا ہے ۔ اس عہد کے کسی دوسرے شاعر کے یہاں نہیں ملتا ۔ وہ اصناف سخن کی رعایت اور اظہار کے تقاضوں کے پیش نظر ایک وسیع پیمانہ پر اردوئے قدیم کے تنوع کو استعمال کرتا ہے ۔

فرانس کے دو سیاح موسیو میٹو رینز اور برنیر جن کی آنکھوں میں فرانس کا دارالسلطنت عروس البلاد پیرس سمایا ہوا تھا ۔جب حیدر آباد آئے تو اس کے متعلق لکھتے ہیں ۔

" شہر نہایت سلیقہ سے بنایا گیا ہے اور اس میں بڑے بڑے راستے چار پانچ کارواں سرائیں موجود ہیں جو دو منزل ہیں ۔۔ "

سلطان محمدؐ قلی کو تلنگانہ کے ہندوؤں سے جو دلچسپی اور خلوص تھا اسی کا اثر تھا کہ اس نے اپنا ایرانی اور ترکستانی لباس تبدیل کرکے تلنگانہ کا لباس اختیار کیا اور تلنگانہ رسم و رواج اور مراسم شادی بیاہ ۔ حتی کہ مذہبی رسومات میں ہندی طرز اختیار کرلیا تھا اس کے لباس اور صورت شکل سے وہ تلنگانہ کا باشندہ معلوم ہوتا تھا ۔

بلاشبہ یہ ایک امر واقعہ ہے کہ قلی قطب شاہ کے دور سے ہم قومی یکجہتی بھائی چارہ اور میل ملاپ کا ایسا روح پرور سبق حاصل کرسکتے ہیں جو ہمارے لیے ضروری ہے ۔

قلی کے معنی غلام کے ہیں اس کا نام محمدؐ قلی یعنی" غلام محمدؐ تھا اس نے غلام کے علاوہ اپنے نام کے ساتھ " داس " کا لفظ بھی استعمال کیا ہے ۔

قطب شاہ کے بارہ سو صفحات کے کلیات میں معنی آفرینی بھی ہے اور جدت خیال بھی ، رنگینی بھی ہے اور ریختہ بھی ، شیرینی بھی ہے اور تیکھاپن بھی ، سطوت شاہانہ بھی ہے اور جمال بھی ۔مقامی رنگ بھی ہے اور مئے گل رنگ بھی ،

غرض کہ کلیات معانی گنجینہ سخن ہے۔ اور چار سو سال پہلے کی زندگی کا ایک جیتا جاگتا مرقع اور اس کے معاشرہ کی ایک زندہ تاریخ۔

محمد قلی قطب شاہ ۱۵۶۵ء کو پیدا ہوا تھا۔ اس کی پیدائش سے تمام ملک میں مسرت کا اظہار کیا گیا۔ کئی شاعروں نے اس پیدائش کی مسرت میں نظمیں لکھی تھیں۔ ان نظموں میں سے یہ قطعہ بہت مشہور ہے۔

شاہ را داد خدا فرزندے
کہ شد از دیدن از دل خرم
پے شکرانہ شہ دریا دل
کرد با خلق بہ صد لطف و کرم
سال مولودش را یافت فلک
باعث روزی اہل عالم

قطب شاہ کا فارسی اور دکھنی کلام دونوں زبانوں میں ملتا ہے۔ فارسی میں اس کا اسقدر پختہ کلام ہے کہ ایرانی شاعر معلوم ہوتا ہے۔ فارسی میں قطب شاہ تخلص کرتا تھا اور دکھنی میں وہ معانی تخلص کرتا تھا۔ اس کے دکھنی کلام کا ایک وسیع مجموعہ موجود ہے جس کو کلیات محمد قلی قطب شاہ کہتے ہیں۔ اس کے کلام میں آندھرا پردیش کی تمام زندگی اس میں جھلکتی ہے۔ قطب شاہ نے آندھرا پردیش کی سماجی اور قومی زندگی کا اس قدر گہرا مطالعہ کیا تھا کہ اس کی مثال نہیں۔

اس کے کلیات میں آندھرا پردیش کے رسم و رواج، کھیل کود، عید و تہوار سبھی چیزیں پیش کی گئی ہیں۔ دراصل یہ کلیات ایک ادبی خزانہ اور آندھرا پردیش کا ایک زندہ مرقع ہے۔

بانو طاہرہ سعید

محمد قلی قطب شاہ کی زبانی

عجب رنگین ہے میرا افسانہ　　ابھی تک یاد کرتا ہے زمانہ
کئی صدیاں ہوئیں لیکن ہے باقی　　مرا قصہ، مرے دل کا ترانہ
دکن کے منچلے گاتے ہیں اب تک　　مرے اشعار با چنگ و چغانہ
جہاں میں جو بھی ہے فانی ہی فانی　　ہے لافانی حیات عاشقانہ
میرے دلدار تھے ہندو مسلماں　　مجھے آتا تھا سب کا ناز اُٹھانا
محبت میں نے سیکھی اور سکھائی　　کسے کہتے ہیں نفرت یہ نہ جانا
محبت میں نہ ذاتیں ہیں نہ قومیں　　محبت کا ہے مذہب صوفیانہ
مری دُنیا تھی رنگ و نور و نغمہ　　مری محفل تھی خواب شاعرانہ
عوامی زندگی کا جز و تھا میں　　رعایا سے تھا میرا دوستانہ
دلوں کا موہ لینا مجھ سے سیکھو　　نہیں آسان دلوں میں گھر بنانا
وطن والو! تمہارے ساتھ ہوں میں　　ہے اب تک تم سے ربط غائبانہ
رفیقو! غم گسارو! میرے پیارو!　　تمہیں راس آئے یہ برسی منانا
تمہارا شہر ہے۔ شہر محبت　　محبت کا سدا جادو جگانا

رہوں گا منتظر میں سال بھر تک
مجھے مت بھولنا، تربت پہ آنا

مولوی محمد حسین آزاد

مولوی محمد حسین آزاد کے والد کا نام مولوی محمد باقر تھا۔ ان کا جنم ۱۸۳۳ء کو ہوا۔ آزاد کے والد نے ۱۸۳۷ء میں اُردو اخبار، دہلی سے نکالا تھا۔ جو اُردو کا پہلا اخبار نہیں تو دہلی کا پہلا اخبار ضرور تھا۔ ان کے والد کے استاد ذوق دہلوی سے بڑے تعلقات تھے۔ اس سبب سے آزاد ذوق کے شاگرد ہوئے، اور ان کے ساتھ دہلی کے مشاعروں میں بھی شرکت کی آزاد کو اپنے استاد سے جیسی محبت تھی، اس کی مثال دُنیا میں کم ملتی ہے،

آزاد نے قدیم دہلی کالج میں تعلیم پائی جہاں مولوی نذیر احمد، مولوی ذکا راللہ، ماسٹر پیارے لال آشوب کے رفقائے تعلیم تھے۔ استاد ذوق کے انتقال کے بعد آزاد نے حکیم آغا خاں عیش سے کچھ دنوں فیض سخن حاصل کیا۔

غدر ۱۸۵۷ء کے ہنگامے میں آزاد کے والد بھی گرفتار کر لیے گئے اور دہلی دروازے کے باہر ایک میدان میں باغیوں کے ساتھ محصور و نظر بند کر دیئے گئے۔ یہ حادثہ آزاد کے لیے الم ناک و جاں گداز تھا کر آزاد کو غایت محبت کے سبب سے اس حالت میں والد کی زیارت کا شوق ہوا۔

وہ فوج کے ایک سکھ جرنیل جو اُن کے والد کے دوست تھے کے ساتھ سائیس (گھوڑے کی خدمت اور دیکھ بھال کرنے والا) کے حلیئے میں سکھ جرنیل کے گھوڑے کے ساتھ دوڑتے ہوئے اس جگہ پہنچے۔ جہاں قیدی اپنی زندگی کی آخری ساعتیں (گھڑیاں۔ وقت) گزار رہے تھے۔

انھی لوگوں میں ایک طرف کو ایک مرد خدا کی عبادت میں مصروف تھا۔ چہرے پر اطمینان و سکون کے آثار تھے، یہی آزاد کے شفیق عمر رسیدہ باپ تھے۔ بہت دیر کے بعد انھوں نے جب نظر اُٹھائی تو تھوڑے فاصلے پر اپنا بیٹا (آزاد) سائیس کے لباس میں کھڑا ہوا نظر آیا۔ ایک دم چہرے پر پریشانی کے آثار ظاہر ہوئے۔ آنکھوں سے ٹپ ٹپ آنسو گرنے لگے۔ یہی حالت بیٹے پر گزری۔ آخر ملاقات کا وقت ختم ہوگیا۔ بزرگوار نے دُعا کے لیے ہاتھ اُٹھائے اور آزاد وہاں سے روتے ہوئے رخصت ہوئے۔ اس کے بعد کچھ عرصہ تک آزاد سکھ جرنیل کے پاس ہی رہے۔

جب غدر کی دار و گیر سے کچھ امن کی صورت نظر آئی تو آزاد مع اہل و عیال لکھنو چلے گئے لیکن وہاں بھی گردش تقدیر ساتھ رہی۔ آخر ایک مدت کے بعد لاہور پہنچے اور پنڈت من پھول میر منشی لفٹنٹ گورنر پنجاب کی سفارش سے سررشتہ (محکمہ) تعلیم میں پندرہ روپیہ کے ملازم ہوگئے۔ اس زمانے میں میجر فلر ڈائرکٹر تعلیمات تھے۔ میجر صاحب بڑے علم دوست تھے اور ماسٹر پیارے لال آشوک دہلوی سے خاص اُنسیت رکھتے تھے۔ آزاد اور ماسٹر پیارے لال آشوب دہلوی کے تعلقات نہایت دوستانہ و مخلصانہ تھے۔

آزاد نے ماسٹر صاحب فرمایش کی میجر صاحب سے ہمیں بھی ملوا دیجئے ایک بار موقع مل گیا۔ میجر فلر نے کوئی اردو کی تحریر لکھی تھی وہ ماسٹر صاحب کو دکھائی۔ اس میں میجر صاحب نے ایجاد کو مونث لکھا تھا۔

ماسٹر صاحب نے اعتراض کیا کہ ایجاد مذکر ہے۔ میجر صاحب نے آزاد کو بلا کر سوال کیا۔ آزاد نے فوراً سودا کا یہ شعر پڑھ دیا۔ ؎

ہائے یہ کس بھڑوے کی ایجاد ہے ✶ نسخہ میں معجون زر نباد ہے

منیجر صاحب بہت خوش ہوئے اور آزاد کی قدر کرنے لگے۔ اس زمانے میں لاہور سے ایک سرکاری اخبار "اتالیق پنجاب" نکلتا تھا۔ ماسٹر صاحب اسکے ایڈیٹر تھے۔ کرنل ہالرائڈ (جو میجر فلر کے بعد ڈائرکٹر تھے) نے آزاد کو اس اخبار کا اسسٹنٹ ایڈیٹر مقرر کیا۔

۱۸۸۷ء میں ملکہ وکٹوریا کے ۵۰ سالہ جشن تاجپوشی کے موقع پر آزاد کو "شمس العلما" کا خطاب ملا۔

جس زمانے میں آزاد پنجاب کے سررشتۂ تعلیم میں منسلک تھے اور حالی بھی بک ڈپو کے اہتمام کے لیے وہاں ملازم ہو کر پہنچ گئے تھے۔ آزاد کی تحریک اور کرنل ہالرائڈ کی تائید سے "جدید شاعری" کا دور شروع ہوا۔ یعنی ایک بزم ادب انجمن پنجاب کے نام سے قائم ہوئی۔ جس میں بجائے طرحی غزلوں مختلف موضوعات قومی و اخلاقی اور مناظر و حقائق کے نظمیں پڑھی جاتی تھیں۔

چناں چہ آزاد کی مثنوی "زمستاں"، "ابر کرم" وغیرہ اس عہد کی یادگاریں ہیں۔ آزاد نے جدید نظموں کو عام رواج دیا۔ اس لیے یہ انقلاب شاعری آزاد کی ادبیات میں شمار ہونے کے قابل ہے۔ جدید شاعری کی ترغیب اُردو شاعری پر آزاد کا احسان ہے۔

آزاد نے نہ صرف شاعری میں نام کمایا بلکہ نثر میں انھوں نے اُردو ریڈریں، فارسی ریڈریں، قواعد اردو، قصص ہند (تاریخی کہانیاں) مرتب کیں۔ یہ اُردو زبان میں اپنی نوع کی بہترین کتابیں ہیں۔ بچوں کی درسیات (اسکولوں میں پڑھنے پڑھانے سے متعلقہ کتابیں) میں اس سے بہتر کتابیں موجود نہ تھیں۔ "نصیحت کا کرن پھول" اخلاقی و تعلیمی قصہ ہے۔ جو لڑکیوں کے لیے آزاد نے تصنیف کیا ہے ان سے زیادہ عظیم الشان آزاد کے علمی و ادبی ولسانی کارنامے بھی ہیں۔ جن میں کچھ قابل ذکر یہ ہیں۔

(۱)
آب حیات (تذکرہ شعرا) (۲) نیرنگ خیال دو حصے (رمزیہ یا تمثیلی مضامین)
(۳) دربار اکبری (شہنشاہ اکبر اعظم کے زمانے کی تاریخ) (۴) نظم آزاد
(قومی و اخلاقی نظموں کا مجموعہ) (۵) تذکرہ علماء (مشاہیر ہند کا تذکرہ)
(۶) سیر ایران (سفر نامہ) ۷۔ جانورستان (حالات حیوانات) اور
۸۔ نخکدہ آزاد (غزلیات و منظومات)

آزاد کی کتابوں کا مطالعہ کرنے کے بعد ان کے اسلوب تحریر کی جدت و دلکشی اور ان کی ذہانت و لطافت طبع سے متاثر ہوئے بغیر نہیں رہ سکتے

آزاد اپنے تخلص کو جا بجا ضمیر متکلم کی جگہ استعمال کرتے ہیں یہ انداز کہیں کہیں قدیم مصنفوں میں بھی پایا جاتا ہے۔ ان کی طبیعت میں نازک خیال اور لطافت و موزونیت خداداد تھی۔

آزاد نثر کے لفظوں اور فقروں، ترکیبوں اور بندشوں کے تناسب و ترنم اور صفائی و سلامت کے متعلق اور تخیل و طرز ادا کے لحاظ سے جس قدر ذوق صحیح اور طبع سلیم رکھتے تھے۔ نظم کی لفظی و معنوی خوبیوں میں اس کے بلکل برعکس مذاق پایا تھا۔

وہ غصہ کی شکل یوں پیش کرتے ہیں۔

"غصہ۔ ایک عورت ہے کالا رنگ، ڈراونی صورت، تمام بدن پر بال کھڑے ہیں جیسے لوہے کی سلاخیں۔ سر پر اور بازوؤں پر ہزاروں سانپ پھن اٹھائے لہرا رہے ہیں اور آنکھوں سے خون برستا ہے۔۔۔"

علامہ آزاد کی اور چھوٹی تصانیف "قصص ہند" "نصحیت کا کرن پھول" وغیرہ میں ان کا وہی اسلوب نگارش موجود ہے۔ لیکن مکتوبات (خطوط) آزاد البتہ دلچسپ چیز ہے۔ مکتوبات اول ۱۹۰۶ء (جو ڈاکٹر سید حسن بلگرامی اور نواب عماد الملک سید کے نام تھے)

میں رسالہ مخزن لاہور میں بالاقساط اور پھر ۱۹۰۷ء میں بصورت کتاب شائع ہوئے تھے۔

ان مکتوبات میں کچھ خطوط کتابوں کی طباعت و اشاعت کے متعلق ہیں۔ چند میں ذاتی حالات ہیں۔ چند کالج اور یونیورسٹی کے واقعات سے تعلق رکھتے ہیں۔ اس لیے اکثر سادہ رسمی زبان میں لکھے ہیں۔

نثر اور جدید شاعری کے مُفکر مولوی محمد حسین آزاد ۷۷ سال کی عمر میں جنوری ۱۹۱۰ء کو انتقال فرما گئے۔ ''جدید شاعری'' اُردو شاعری پر آزاد کا احسان ہے۔

نذیر احمد

اُردو اَدب کی تاریخ پر اگر نظر دوڑایے تو معلوم ہوتا کہ ہر انقلاب میں بڑے ادیب پیدا ہوتے رہے ہیں۔ جب کبھی زندگی کو ہنگامہ خیز واقعات سے دوچار ہونا پڑا ہے۔ تو اُردو زبان نے بھی اپنا بہترین کارنامہ یا خاص جوہر دُنیا میں پیش کیا ہے۔ اپنی تعمیری صلاحیتوں کی بدولت نذیر احمد بھی ایک ممتاز جگہ پر کھڑے ہیں۔

بجنور کا شہر کوئی خاص شہر نہ تھا۔ اس تحصیل کے ایک گاؤں ریڑھ میں ۱۸۳۶ء میں نذیر احمد کی ولادت ہوئی تھی۔ ان کے والد سعادت علی کا سلسلہ نسب ایک بڑے بلند پایہ مولوی گھرانے سے ملتا ہے۔ نذیر صاحب کے گھر کی پوری فضا مذہبی تھی۔ نذیر احمد صاحب کی ابتدائی تعلیم کچھ مکتب میں ہوئی اور کچھ ان کے والد کے ہاتھوں ہوئی یہ سلسلہ ۹ برس کی عمر تک چلتا رہا۔ فارسی، عربی کے علاوہ انھوں نے نحو، منطق، فلسفہ کا بھی درس لیا۔

۱۸۵۴ء میں گنجاہ ضلع گجرات (پنجاب) میں چالیس روپیہ ماہوار کے مدرس ہوئے۔ دو برس بعد ڈپٹی انسپکٹر مدارس ہو کر کان پور آ گئے۔ ڈپٹی انسپکٹر مدارس کی جگہ چھوڑ کر تحصیل دار بننے کو باعث افتخار سمجھا۔ دو برس تحصیل دار رہے۔ ۱۸۶۳ء میں ڈپٹی کلکٹر بنا دیئے گئے۔

نذیر احمد کی راہ زندگی میں سب سے اہم موڑ تو وہ تھا جو ان کو دہلی میں ملا۔ چودہ برس کی عمر میں باپ کے ساتھ نذیر احمد دلی چلے آئے۔ ان کے والد چونکہ ایسے خاندان سے تعلق رکھتے تھے جو علم و فضل کا جویا تھا۔ اس لیے

وہ علم سے اپنی اولاد کو محروم نہیں رکھنا چاہتے تھے۔ دہلی غالباً آنے کا ان کا ایک مقصد یہ بھی تھا۔ انھوں نے نذیر احمد کو ایک ایسے مدرسہ میں داخل کرا دیا جو اِدھر اُدھر سے روٹیاں مانگ کر طالب علموں کا پیٹ بھرتا تھا۔

نذیر احمد کی زبانی اس مدرسے کی کہانی سنئے "پڑھنے کے علاوہ میرا کام روٹیاں سمیٹنا بھی تھا۔ صبح ہوئی اور میں چھبری ہاتھ میں لے کر گھر گھر روٹیاں جمع کرنے نکلا کسی نے رات کی بچی ہوئی دال دے دی، کسی نے قیمے کی لگدی ہی رکھ دی۔ کسی نے دو تین سوکھی روٹیوں پر سڑخا دیا۔ غرض رنگ برنگ کا کھانا جمع ہو جاتا۔ مسجد کے پاس ہی عبدالخالق صاحب کا مکان تھا۔ ان کے یہاں میرا قدم رکھنا مشکل تھا۔ ادھر میں نے قدم رکھا ادھر ان کی لڑکی نے ٹانگ لی۔ جب تک سیر دو سیر مسالہ مجھ سے نہ پسوالیتی، نہ گھر سے نکلنے دیتی اور نہ روٹی کا ٹکڑا دیتی ... روز یہی مصیبت جھیلنی پڑتی ______"

ایک زبان کے جاننے والے کو دوسری زبان جان لینا زیادہ مشکل نہیں ہوتا چناں چہ نذیر احمد نے انگریزی میں بھی اچھی خاصی قابلیت حاصل کر لی۔

قابلیت سے زیادہ انگریزی زبان کی لذت نے ان کو اس قدر متاثر کیا کہ موقع ہو یا نہ ہو وہ دیکھتے یا بولتے وقت انگریزی الفاظ اُردو زبان میں ٹھونس دیتے تھے۔ انگریزی کا مطالعہ ان کے بڑے کام آیا۔ "تعزیراتِ ہند" کے ترجمہ سے خوش ہو کر سرکار نے نذیر احمد کو تحصیل داری عطا کی۔ اور پھر جلد ہی ڈپٹی کلکٹر بنا دیا۔

علم ہیئت کی ایک کتاب کا ترجمہ ان کی مزید ترقی کا باعث ہوا وہ حیدر آباد بلا لیے گئے اور وہاں پہنچ کر رفتہ رفتہ بورڈ آف ریونیو کے ممبر ہو گئے ستره سو روپے ماہوار تنخواہ ہو گئی۔

نذیر احمد کے دل و دماغ پر عورتوں کے برتاؤ، طرزِ معاشرت کا غیر معمولی اثر پڑا تھا۔ ان کی صورت و سیرت نے جو دہلی کی ابتدائی تعلیم و قیام کے زمانے میں ذہن نقوش پیدا کیے تھے وہی سب سے پہلے ان کی تصنیفات کا مرکز بنے۔ چناں چہ "مرآۃ العروس" (۱۸۶۹ء)، "بنات النعش" (۱۸۷۳ء)

(یہ کتاب مرآۃ العروس کا دوسرا حصہ ہے) سب سے پہلے وجود میں آئیں۔ ان میں جو کچھ لکھا گیا ہے سب مستورات کے بارے میں، عورتوں کی زبان ان کے لب لہجہ ان کی نشست و برخاست کا مکمل نقشہ ان کی جیتی جاگتی اگر دیکھنا ہو تو ان کتابوں میں سب کچھ مل جائے گا۔ ان کتابوں کے مطالعہ سے یہ بھی معلوم ہوتا ہے کہ نذیر احمد نے گھریلو زندگی اور عورتوں کا غائر نظر سے مطالعہ کیا تھا۔

مرآۃ العروس کے علاوہ انھوں نے توبۃ المصنوح (جس میں سچی اسلامی زندگی کی تعلیم ہے۔ اس کتاب پر انھیں ایک ہزار روپیہ کا انعام ملا تھا۔)

ابن الوقت، ترجمہ قرآن مجید، الاجتہاد، امہات الامہ، ایامی، ادعیۃ القرآن، اور ان کے علاوہ منطق، علم ہیت، قواعد اور متفرق وغیرہ موضوں پر بھی کتابیں منظر عام پر آئیں۔

نذیر احمد صاحب کی تحریر میں خالص دہلی کی زبان اور محاوروں کا استعمال ہوتا ہے۔ طرز بیان نہایت صاف واضح اور زوردار ہوتا ہے۔ ان کی طرز تحریر کی ایک نمایاں خصوصیت، جس میں ان کا کوئی ہم عصر شریک نہیں ہے۔ ان کی ظرافت ہے۔

نذیر احمد پہلے مصنف ہیں۔ جنھوں نے زنانہ لٹریچر اس اہتمام و کثرت کے ساتھ مہیا کیا۔ یہ کتابیں اپنی جامعیت اور حسن ترتیب میں اردو ادب نذیر احمد کی اولیات میں داخل ہیں اور نصف صدی سے زیادہ گزرنے کے بعد بھی آج تک بے مثال دنا گزیر ہیں۔

نذیر احمد صاحب کی ذہنیت کی تشکیل میں مذہب کا عنصر جزو غالب ہے وہ بغیر اس کے لقمہ نہیں اٹھاتے، ہر اخلاقی تعلیم میں مذہب کی چاشنی ضرور ہوتی ہے ان کا خیال تھا کہ مذہب و اخلاق کا ساتھ چولی دامن کا ساتھ ہے ایک کو دوسرے سے الگ کرنا ناعاقبت اندیشی بلکہ حماقت ہے توبۃ النصوح کے دیباچہ میں رقم طراز ہیں کہ۔

"نیکی کو مذہب سے جُدا کرنا ایسا ہے جیسے روح کو جسد سے یا بو کو گل سے یا نور کو آفتاب سے یا عرض کو جوہر سے یا ناخن کو گوشت سے علیحدہ اور منفک کرنے کا مقصد کرے۔۔۔"

نذیر احمد صاحب کی ایک صنف تحریر ان کے خطوط بھی ہیں۔ لیکن ان میں کوئی خاص "مکتوباتی جدت" نہیں ہے۔ ان کا ایک "مجموعہ" "موعظ حسنہ" ہے جو انھوں نے اپنے صاحبزادہ مولوی بشیر الدین کو ان کی تعلیم کے زمانے میں لکھے ہیں۔ ان خطوط میں تعلیمی ناصحانہ رنگ غالب ہے۔

نذیر احمد صاحب نے اصلاحی فریضہ ناول سے شروع کیا۔ وہ دِل و جان سے چاہتے تھے۔ کہ مسلمان ترقی کریں، مادی ترقی کے لیے ان کے نزدیک ضروری تھا کہ شعور میں بلندی آئے قدامت پرستی کے تنگ دائرے سے لوگ نکل کر نئے علوم سے متعارف و مانوس ہوں تاکہ نئے راستے اور ان کی قدر و قیمت سمجھ میں آئے۔

مرنے سے چند مہینے پہلے علالت کا سلسلہ شروع ہوا، کمزوری بڑھتی گئی۔ باہر آنا جانا، ملنا جلنا چھوڑ دیا۔ اور علاج کی بھی توجہ نہ کی۔ سمجھتے تھے کہ وقت آگیا ہے۔ آخر فالج ہوا اور چار پانچ روز بعد ۳ مئی ۱۹۱۲ء کو جمعہ کے روز رحلت کی۔

اپنے ایک لکچر کے آغاز میں نذیر صاحب نے فرمایا کہ "نہ مجھ کو شعر گوئی کا شوق ہے اور نہ سلیقہ۔ مگر وہ جو کہتے ہیں کہ رانڈ تو بیترا بیٹھنا چاہتی ہے مگر رنڈوے نہیں بیٹھنے دیتے۔ جب جب کوئی صاحب مجھے لکچر دینے بلاتے ہیں اور بلانے والے تو بہت ہیں۔ اسی لیے کہ انجمنوں اور سالانہ جلسوں اور لکچروں کا تو ڈر بہ کھُل پڑا ہے مگر اپنے لکچروں کی ہوا نہیں اُکھڑنے دیتا کہ گلیوں گلیوں کام بڑھتی لکارا پڑا پھروں۔

نرالا

سوریا کانت ترپاٹھی نرالا ۱۸۹۶ء میں صوبہ یو۔ پی ایک برہمن خاندان میں پیدا ہوئے اور ابتدائی سے باغیانہ خیالات رکھنے کی وجہ سے انھیں کم عمر ہی میں گھر بار چھوڑ دینا پڑا اور انھوں نے قلم کے ذریعہ اپنے پیروں پر کھڑے ہونے کی کوشش کی مگر وہ زندگی بھر اس میں ناکام رہے۔ نرالا کی پیدائش ایک بھرے پُرے خاندان میں ہوئی تھی۔ لیکن یہ تین سال کے ہونے نہ پائے تھے کہ ان کی والدہ کا انتقال ہوگیا اور یہ ماممتا سے محروم ہوگئے۔ ان میں ایک طرف جہاں خود اعتمادی پیدا ہونے لگی تو دوسری طرف انھیں زندگی کو برقرار رکھنے کے لیے معاشی جدوجہد سے دوچار ہونا پڑا۔ جس کی بناء پر ان میں موجودہ سماج کے تعلق سے ایک طرح کی تلخی پیدا ہوگئی اور اس تلخی نے ان کی شاعری کے اس روپ کو نکھارا جسے "ہندی شاعری میں نیا آہنگ" کے نام سے موسوم کیا گیا ہے۔ شکتی کے روپ میں ماں کے تصوّر کا ذکر نرالا نے اپنی شاعری میں کئی جگہ کیا ہے اور ان کی نظم "پنچ وٹی" کی ماں بھی وہی ہے جو قاضی نذرالاسلام کی شاعری میں شکتی کے روپ میں دکھائی دیتی ہے۔ اس طرح سے نرالا نے غموں کے بعد جس دُنیا کا تصوّر باندھا تھا وہ اس طرح سے ہے۔

ماں مجھے وہاں تو لے چل\
دیکھوں گا وہ دُوار\
دِوس کا پار\
مُرجھیت ہوا پڑا ہے جہاں

ویدنا کا سنسار

نرالا صرف شاعر ہی نہیں تھے بل کہ وہ پہلوان، موسیقار، ادیب اور مصور بھی تھے اپنے اسی مخصوص کردار کی وجہ سے وہ دلچسپ شخصیت کے مالک بن گئے تھے۔ ان کی خود داری کا یہ عالم تھا کہ اُس حالت میں بھی جب کہ ان کی عمر کا بڑا حصہ انتہائی افلاس اور تنگ دستی کا مقابلہ کرتے ہوئے گزرا لیکن انھوں نے کسی کے سامنے ہاتھ نہیں پھیلایا اور جو بھی کوئی سلوک کرنا چاہا اس سے اپنے دامن کو محفوظ رکھا۔

وہ ہمیشہ دولت و ثروت کی نمود و نمائش سے بے پرواہ رہے اور اپنی وضعداری کو نبھاتے ہوئے دُنیا سے چل بسے۔ پیسہ ان کے لیے کوئی حقیقت نہیں رکھتا تھا۔

اپنے جس مجموعے کو انھوں نے دو سو روپے میں پبلشر کے ہاتھ فروخت کیا تھا، اور جب اسی مجموعے سے پبلشر کو ہزاروں روپے کی آمدنی ہوئی تو دوستوں نے اصرار کیا کہ وہ اس سے رائلٹی طلب کریں تو نرالا نے یہ کہہ کر دوستوں کی زبان بند کر دی کہ "چلو اچھا ہوا کہ کم از کم وہ پبلشر میری وجہ سے ہزاروں کا آدمی تو ہو گیا۔" وہ ہمیشہ دوسروں کو کچھ دے کر اپنے آپ کو بڑا خوش قسمت انسان سمجھتے تھے۔

نرالا ہندی ہی کے عالم نہیں تھے۔ بل کہ وہ بنگالی، انگریزی اور سنسکرت پر بھی بڑی قدرت رکھتے تھے۔ ہندی ادب کو انھوں نے ان زبانوں کے ایسے شاہکار عطا کیے ہیں جو ادب میں ہمیشہ یاد رکھے جائیں گے۔ وہ زبان اور انداز بیان کی ذرا سی غلطی کو بھی برداشت نہیں کرتے تھے۔ اسی لیے ان کی نظم ہو یا نثر زبان اور بیان کے لحاظ سے بالکل نکھری ہوئی رہی ہے۔

ہندی شاعری کو نرالا کی سب سے بڑی دین بغاوت اور انقلاب ہے۔ نرالا سے قبل یہ دونوں باتیں ہندی شاعری میں ایک طرح سے مفقود تھیں، لیکن انھوں نے سماج سے بغاوت اور سماج کو بدلنے کے لیے انقلاب کا نعرہ شاعرانہ

انداز میں بلند کیا اور آخری وقت تک وہ اس کے علمبردار رہے - اس طرح سے ہندی شاعری کو نرالا کی دوسری دین ان کے گیت ہیں - ہندی میں گیتوں کا جو تجربہ نرالا نے کیا ہے وہ ان کی اپنی خصوصیت ہے - ان کے گیتوں میں جہاں کلاسیکل موسیقی کا پٹ شامل ہوتا ہے - وہیں سماجی بیداری کی چنگاریاں بھی ملتی ہیں جس کی وجہ سے موسیقی اور انقلاب ایک دوسرے سے ہم آہنگ ہو کر ایک نیا سندیش دیتے ہیں - چناں چہ اپنے گیتوں میں شاعر نے بچھڑے ہوئے طبقہ اور خاص طور پر مظلوموں سے تعلق رکھنے والے لوگوں پر بڑے طنزیہ انداز میں بہت چوٹ کی ہے -

ایک بار بس اور ناچ تو شیاما

سامان سبھی تیار

کتنے ہی ہیں آسُور، چاہیے تجھ کو کتنے ہار !

اسی طرح سے "جمنا کے لیے"، "پریہ کے لیے"، "ترنگوں کے لیے" اور "آبشار کے لیے" ایسے گیت ہیں جن کا مقابلہ شیلی کی (WEST WIND) اور ورڈس ورتھ کی (ODE ON THE NTIMATICNIS OF (IMMORTALITY) سے کیا جا سکتا ہے -

چودہ سال کی عمر میں شاعر کی شادی کر دی گئی تھی، اس وقت انھیں ہندی نہیں آتی تھی اور ان کی بیوی اچھی خاصی ہندی کی پنڈت تھیں - بیوی نے نرالا کی شخصیت کے بنانے اور سنوارنے میں اس طرح سے مدد دی جس طرح سے کالیداس کو "کالیداس" بنانے میں اس کی بیوی "ودیوتما" نے یا "تلسی داس" کو تلسی داس بنانے میں ان کی بیوی "رتنا دلی" نے دی تھی - اسی طرح سے نرالا بھی اپنی شاعری میں بیوی کی روح سے تحریک حاصل کرتے ہیں اور اس کو "دیوی پریدنا" کا نام دیتے ہیں -

تمہیں گاتی ہوا اپنا گان

دیرکھ میں پاتا ہوں سمّان

بھاونا رنگ دی تم نے، پران

چھند۔ بندوں میں نج آہوان

نرالا نے اردو میں بھی شاعری کی ہے اور ان کی غزلیں مشہور بھی ہوئیں لیکن ان میں فن اور خیالات کا وہ رچاؤ نہیں ہے جو ان کی ہندی شاعری میں پایا جاتا ہے ان کی اردو غزلوں کے کچھ اشعار ملاحظہ فرمائیں۔

نگہ تمہاری تھی دل جس سے بے قرار ہوا ۔ مگر میں غیر سے ملکر نگہ کے پار ہوا

کنارہ وہ ہم سے کئے جا رہے ہیں دکھانے کو درشن دیئے جا رہے ہیں

-----

۱۵ ر اکتوبر ۱۹۶۱ء کے بعد مادی نقطہ نظر سے ہندی کا شاعر نرالا ہمارے درمیان میں نہیں رہے ہے۔ مگر انھوں نے قلم کے سپاہی کی حیثیت سے ادب اور سماج کی جو خدمت انجام دی ہے وہ ہمیشہ یادگار رہے گا۔ ذہنی اور جسمانی طور پر بستر مرگ پر پڑے پڑے بھی مہابھارت کے مشہور کردار بھیشم کی طرح نرالا اپنی شاعری کے ذریعہ انسانیت کے لیے ریشمی ہار گوندھتے رہے اور ان کا یہ عمل اس وقت تک جاری رہا جب تک کہ ان کی انگلیوں نے جواب نہیں دے دیا اور موت نے ان کی زندگی کی کلائی پر راکھی باندھ کر ہمیشہ کے لیے ہم سے جدا نہیں کر دیا۔

نرالا کی موت بے رحم سماج کا ایک المیہ ہے۔ سونی ٹہنی کو دیکھ کر ہم سب لوگ بسور تے ہیں اور جب گلاب کی پنکھڑیاں جھڑ کر مٹی میں مل جاتی ہیں تو ہمارا سماج اس کی خوشبو کو تلاش کرتا ہے۔ جب وہ ٹہنی پر رہتا ہے تو کوئی نہیں پوچھتا اور جب ٹہنی سے جدا ہو جاتا ہے تو خراج عقیدت پیش کرتے ہیں۔ یہ شاید سماج کا دستور ہے اور ایسا ہی نرالا سے بھی ہوا۔

نرالا نے جس شاعرانہ انداز اور روایات کو جنم دیا تھا ان کو آگے بڑھانے کی ضرورت ہے ۔ ۔ ۔

نول کشور

منشی نول کشور ضلع متھرا کے ریڑھ نامی گاؤں میں ۳ جنوری سنہ ۱۸۳۶ء میں پیدا ہوئے۔ ان کے والد بابو جمنا پرشاد بھارگو موضع سانسی ضلع علی گڑھ کے رئیس تھے۔ ان کے ہاں پانچ لڑکے پیدا ہوئے۔ منشی نول کشور بڑے تھے اور باقی چھوٹے تھے۔

نول کشور نے اپنا ابتدائی زمانہ آگرہ اور متھرا میں گزارا۔ اس کے بعد اپنے وطن سانسی چلے آئے اور یہیں تعلیم و تربیت کا آغاز ہوا۔ اس زمانے کے رواج کے مطابق ابتدائی تعلیم مکتب میں ہوئی، جہاں انھوں نے عربی اور فارسی کی تعلیم حاصل کی۔ ابتدائی تعلیم مکمل کرنے کے بعد وہ ثانوی تعلیم کے لیے آگرہ گئے۔ یہاں انھوں نے پانچ سال تک سخت محنت سے تعلیمی مراحل طے کیے۔ اسی زمانے میں مضمون نگاری کا شوق پیدا ہوا۔ اور مشق شروع کر دی۔ تھوڑے عرصے کے بعد ہی ان کے مضامین "سفیر" آگرہ میں چھپنے لگے جو اس زمانے میں شمالی ہندوستان کا ایک مشہور اور با اثر اخبار تھا۔ اردو زبان و ادب میں سترہ سال کی عمر تک پہنچتے پہنچتے منشی نول کشور نے خاص شہرت حاصل کر لی تھی۔

کچھ وقت کے بعد ان کی ملاقات لاہور سے چھپنے والے اخبار "کوہ نور" کے مالک منشی ہرسکھ رائے سے ہوئی اور ان کی دعوت پر نول کشور لاہور چلے گئے۔ نول کشور نے اخبار کے ساتھ ساتھ مطبع کوہ نور کا سارا کام بھی سنبھال لیا اور اسے بحسن خوبی انجام دیا۔

۱۸۵۷ء کے ہنگامے نے منشی نول کشور کے خیالات میں بھی انقلاب پیدا کر دیا۔ پرانی تہذیب دم توڑ رہی تھی اور نئی تہذیب جنم لے رہی تھی جس

میں مغربی اثرات کا دخل زیادہ تھا۔ قوم کی خدمت کے جذبے کے تحت منشی نول کشور نے اخبار کوہ نور کی ملازمت ترک کردی اور اپنا مطبع اور اپنا اخبار جاری کرنے کا منصوبہ تیار کیا۔ انھوں نے لکھنؤ کو اپنی سرگرمیوں کا مرکز بنایا اور یہیں ان کا خواب بھی تعبیر کی منزل تک پہنچا جسے انھوں نے لاہور سے چلتے وقت دیکھا تھا۔

نول کشور پریس کا کارنامہ یہی نہیں ہے کہ اس کے لاتعداد ادیبوں، شاعروں، علما و فضلا کو ادبی قومی خدمت کا موقع دیا بلکہ اس کا عظیم کارنامہ یہ ہے کہ اس نے اردو ادب کو رتن ناتھ سرشارؔ اور عبدالحلیم شررؔ جیسے دو مایہ ناز ادیب بھی دیئے۔

کاغذ کی کمی اور مطبع کی ضرورتوں کے پیش نظر نول کشور نے کاغذ سازی کا ایک کارخانہ بھی قائم کیا اور اس طرح اردو ادب کو ایک ایسا سہارا مل گیا کہ جس کے بغیر شاید وہ سب کچھ نہ ہو سکتا جو اس مطبع کی وساطت سے ہوا۔

منشی نول کشور نے ساری زندگی اردو زبان و ادب کی خدمت کرتے ہوئے ۱۹ فروری ۱۸۹۵ء کو انتقال کیا۔ اپنی زندگی میں منشی نول کشور نے جو کتابیں شائع کیں ان کی تعداد چار ہزار سے زیادہ ہے۔

کتابیں چھاپنے کے علاوہ منشی نول کشور کا ایک اہم مقصد ایک اپنا اردو اخبار نکالنا بھی تھا اور وہ اردو کا مشہور اخبار "اودھ اخبار" کے نام سے مشہور ہوا۔ "اودھ اخبار" کا پہلا شمارہ ۲۶ نومبر ۱۸۵۸ء کو شائع ہوا اور تھوڑے عرصے میں ہی یہ سب پر سبقت لے گیا۔ اس اخبار کو زیادہ معلوماتی بنانے کے لیے منشی نول کشور نے مختلف صوبوں میں سفرا اور نامہ نگار مقرر کیے۔ اس طرح کہا جا سکتا ہے کہ "اودھ اخبار" ہی اردو کا پہلا باقاعدہ اخبار تھا جس نے اخبار نویسی کے تمام اصولوں کو استعمال میں لا کر اسے اردو دنیا کے لیے ایک نمونے کی شکل میں پیش کیا۔

اپنا پریس قائم کرنے کے بعد منشی نول کشور کو جس فکر نے سب سے زیادہ پہلے گھیرا وہ شاہان اودھ اور روسا کے کتب خانوں کو مخطوطات کرنا تھا۔ ان میں سے بہت سے تو پہلے ہی انگریزوں کے قبضے میں آکر انگلستان اور دوسرے ممالک میں پہنچ چکے تھے اور جو کچھ موجود تھے ان کے ضائع ہونے کا اندیشہ تھا۔

چناں چہ منشی نول کشور نے ان کی حفاظت اور اُن سے استفادہ کا واحد طریقہ یہ نکالا کہ انھیں شائع کیا جائے۔ اس مقصد کے پیش نظر منشی نول کشور نے نادر و نایاب مخطوطات کی تلاش اور خریداری شروع کی اور ساتھ ہی ان کی طباعت اور اشاعت کا بھی انتظام کیا۔ اس کا نتیجہ یہ نکلا کہ تھوڑے ہی عرصے میں ہزاروں کتابیں منظرِ عام پر آگئیں۔ اس کے علاوہ انھوں نے ملک کے بڑے بڑے اہل علم و دانش حضرات کو مطبع کے کاموں پر لگا کر انھیں فکر معاش سے بھی آزادی دلائی۔

مطبع نول کشور کو جو مشہور حافظ، عالم، مورخ، ادیب اور شاعر میسر ہوئے، وہ ہندستان کے کسی دوسرے مطبع کو نصیب نہ ہوئے۔

منشی نول کشور نے مطبع میں کام کرنے والے علما و فضلا کی ان کے مرتبے کے مطابق قدر و منزلت کی اور انھیں فکر معاش سے آزاد کر کے علم و فن کی خدمت میں لگا دیا۔

منشی نول کشور نے اپنے مطبع سے مختلف مذاہب کی جس قدر کتابیں شائع کیں اتنی کتابیں آج تک کسی دوسرے ادارے نے شائع نہیں کی ہیں۔ اس سے اس بات کا بھی پتا چلتا ہے کہ منشی نول کشور کتنے بلند نظر اور بے تعصب انسان تھے۔

زبان و ادب اور قوم کی خدمات کے لیے انھیں حکومت کی طرف سے سی۔ آئی۔ ای قیصر ہند کا خطاب ملا۔

منشی نول کشور نے جو کتابیں شائع کیں ان کی تعداد اتنی زیادہ ہے کہ ان کو پیش کرنا ممکن نہیں۔

تاہم وہ کتابیں آج تک کسی دوسرے مطبع کو شائع کرنے کا حوصلہ نہیں ہوا۔
کا ذکر یہاں دلچسپی سے خالی نہ ہوگا۔

۱۔ قرآن شریف
۲۔ جنم ساکھی
۳۔ راماین
۴۔ فسانۂ آزاد
۵۔ اپنند
۶۔ آثار الصنادید
۷۔ الزائچوم (نجوم)
۸۔ دیوان بیدل
۹۔ گل بکاؤلی (قصہ)
۱۰۔ ہدایت الانظار (مسمریزم)
۱۱۔ مکمل رمل سرخاب (رمل)

وغیرہ وغیرہ۔

حوالدار عبدالمجید

اتر پردیش کے ضلع غازی پور میں دھام پور نام کا ایک چھوٹا سا گاؤں ہے۔ اس گاؤں میں زیادہ تر غریب کسان بستے ہیں۔ چند گھر درزیوں کے بھی ہیں عام طور پر لوگوں کے مکانات کچے ہونے کے باوجود دیواریں اوپر سے لیپ پوت کر چکنی کر دی گئی ہیں۔

اس دھام پور میں شہید حوالدار عبدالمجید ایک غریب درزی کے گھر میں پیدا ہوئے۔ ان کے والد کا نام عثمان تھا۔ عثمان کے پاس تھوڑی سی کھیتی باڑی تھی جس سے انھیں کچھ اناج مل جاتا۔ اصل میں وہ درزی تھے۔ کپڑے سینا ان کا اصل کام تھا۔ ان کے پاس ایک سلائی مشین تھی۔ اسی مشین کے سہارے گھر پرورش پاتا تھا۔ عثمان نے اپنے بیٹے عبدالمجید کو مشکل سے چوتھے درجے تک تعلیم دلائی۔ عبدالمجید کے اسکول جانا مشکل تھا کیوں کہ باپ تعلیم کا خرچ برداشت نہیں کر سکتا تھا۔

عبدالمجید سوائے گھومنے پھرنے اور سیر سپاٹے کے کوئی کام نہ کرتا تھا۔ باپ نے بیٹے کا یہ حال دیکھ کر ایک دن اس سے کہا "میں بوڑھا ہو گیا ہوں اکیلا سلائی کرتا ہوں کچھ میرا ہاتھ بٹا دیا کرو۔"

عبدالمجید نے کہا "نا بابا! مجھ سے یہ کام نہیں ہوگا۔"

"اچھا تو بٹن ہی ٹانک دیا کرو" باپ نے نرمی کے ساتھ کہا۔

"مجھ سے بٹن وٹن نہیں ٹانکے جاتے۔" عبدالمجید نے لاپرواہی سے جواب دیا۔

"تو پھر کیا کرو گے" باپ نے عاجز آکر پوچھا۔

"میں تو فوج میں بھرتی ہوں گا۔" عبدالمجید نے کچھ سوچتے ہوئے کہا۔

"بڑا آیا فوج میں بھرتی ہونے والا۔ جا بھاگ یہاں سے" باپ نے چڑکر کہا
عبدالمجید کو دراصل دلیری اور بہادری کے کارناموں سے دلی چسپی تھی وہ تو دُنیا
میں کچھ عرصے کے بعد گھر والوں نے اُس کی شادی کردی۔ پھر بھی اُس کا دل کسی
کام میں نہ لگتا۔

وہ بندوق کا نشانہ بہت اچھا لگاتا تھا۔ شکار سے اُس کو خاص رغبت تھی
وہ جنگل میں گھنٹوں گھوما کرتا۔ گھر کی فکر اور دل کے ولولہ نے اس کو ۱۹۵۴ء
میں فوج میں بھیج دیا۔

فوج میں وہ ایک قابل سپاہی ثابت ہوا۔ وہ جلدی ہی حوالدار
بن گیا۔ ہندوستان اور پاکستان کی ۱۹۶۵ء کی جنگ میں حوالدار عبدالمجید نے
ایک شاندار موت پائی۔ وہ وطن کی حفاظت کرتے ہوئے میدانِ جنگ میں
شہید ہوا۔ اس کی غیر معمولی دلیری اور بہادری کے لیے اس کو ہندوستان
کا سب سے بڑا فوجی اعزاز" پرم ویر چکر" عطا کیا گیا۔ اس جنگ میں
یہ اعزاز برّی فوج کے صرف دو سورماؤں کو عطا کیا گیا۔

اِن میں پہلا نام حوالدار عبدالمجید کا ہے۔

سنہ ۱۹۶۵ء میں عظیم ٹینکوں کی لڑائی کا ایک خوفناک محاذ قائم تھا۔ حوالدار
عبدالمجید اپنی جیپ گاڑی میں سوار تھا۔ یکایک اُس نے دیکھا کہ دشمن کے
چار پیٹن ٹینک سیدھے اس کی کمپنی کی طرف بڑھے چلے آرہے ہیں تو اس نے
فوراً اپنی جیپ گاڑی موڑلی اور اُسے ایک ٹیلے کی آڑ سے دشمن کے ٹینکوں کی
طرف لے گیا۔ وہ نہایت خطرناک حد تک دشمن کے قریب بڑھتا چلا گیا، اور آناً
فاناً میں اُس نے دشمن پر گولہ باری شروع کردی۔ یہ گولہ باری اتنے قریب سے
کی گئی تھی کہ پہلے ٹینک میں فوراً آگ لگ گئی۔ دشمن کو پتہ نہ چل سکا کہ کس جگہ سے اس
پر گولہ باری کی جارہی ہے۔ دشمن کا دوسرا ٹینک اپنی توپوں کا رُخ بڑی تیزی
سے اِدھر اُدھر گھمانے لگا۔ اس ٹینک کو بھی حوالدار عبدالمجید نے اپنے گولے کا نشانہ

بنایا۔ اس کے بعد بھارت کے اس سپوت نے تیسرے ٹینک پر گولہ پھینکا اور اسے بھی زبردست نقصان پہنچایا۔ ابھی تیسری ٹینک کو سنبھلنے کی مہلت بھی نہ ملی تھی کہ حوالدار نے چوتھے ٹینک کا کام تمام کر دیا۔ اسی اثنا میں دشمن نے اسے دیکھ لیا اور توپ کے ایک گولے کی زد میں لے لیا۔ توپ کا گولہ لگتے ہی وہ شہید ہو گیا اس طرح حوالدار عبدالمجید نے غیر معمولی جرأت اور ہمت سے کام لے کر ان ٹینکوں پر فتح حاصل کی جن کے بارے میں گمان تھا کہ انھیں کسی طور پر تباہ ہی نہیں کیا جا سکتا۔

غریب درزی کے گمنام بیٹے کا نام آج سارے دیش میں بڑی محبت اور عزت کے ساتھ لیا جاتا ہے۔ اس نے جوانمردی اور قربانی کی ایسی مثال قائم کی ہے۔ جس پر ہمیشہ فخر کیا جائے گا۔ اور عظیم بھارت کے لوگوں کو وہ اکثر یاد آتا رہے گا۔

مہاشہ ناہر سنگھ

موضع خیری تحصیل بشناہ میں ۱۳ جولائی ۱۹۰۰ء میں ایک بچے نے مہاشہ جگت رام کے گھر جنم لیا۔ والدین کو بھی خبر تھی کہ ان کا یہ چوتھا بچہ جموں و کشمیر کی تواریخ میں اپنی یادگار ہمیشہ کے لیے نہ مٹنے والے حروف میں چھوڑ جائے گا۔ اس بچے کا نام مہاشہ ناہر سنگھ تھا۔ والدین کو معلوم ہو چکا تھا کہ ان کا یہ بچہ اپنے دوسرے بھائی بہنوں اور اپنی عمر کے دوسرے بچوں سے مختلف ہے۔

مہاشہ ناہر سنگھ مشکل سے نو برس کے تھے کہ ان کی والدہ کا انتقال ہو گیا۔ ۱۹۱۹ء کو وہ فوج میں بھرتی ہو گئے اور چار سال سروس کے بعد ڈسچارج ہو کر گھر چلے آئے۔ اور بعد میں کاروبار کی تلاش میں سیالکوٹ چلے گئے۔ وہاں ان کی ملاقات مستری محمد حسین سے ہوئی۔ انھوں نے نہ صرف مہاشہ جی کو پناہ دی بلکہ بڑھئی کا کام بھی سکھلایا اور ایک قابل قدر مستری بنا دیا۔

مہاشہ ناہر سنگھ نے سیالکوٹ سے واپسی پر اپنے آبائی گاؤں خیری میں ہی فرنیچر بنانے کا کام شروع کر دیا۔ فرنیچر کے کام میں مہاشہ جی کی شہرت سن کر سرکار نے انھیں ملازمت کی پیش کش کی اور ۱۹۲۶ء میں وہ بطور مستری سرکاری ملازم ہو گئے۔

مہاشہ ناہر سنگھ نے اس عرصے میں پرائیویٹ طور پر ہی اردو، ہندی اور پنجابی کو پڑھنا اور لکھنا سیکھ لیا۔ پڑھنا لکھنا سیکھنے کے بعد وہ زیادہ تر ویدوں اور سوامی دیانند سرسوتی کی تقریروں اور تحریروں کا مطالعہ کرنے لگے اور اس مطالعہ کا ان پر گہرا اثر پڑا۔

مہاشہ ناہر سنگھ نے تنگ دلی اور علیحدگی کے جذبات کی سخت مخالفت کی

انھوں نے لوگوں سے کہا کہ ہم سب ایک ہی خاندان کے الگ الگ رکن ہیں ہم سب کا حق مساوی اور برابری کا ہے۔ اس لیے ہمارا اتحاد ایک دوسرے کے اقدام ہی سے قائم رہ سکتا ہے۔ انھوں نے لوگوں سے کہا کہ اونچ نیچ کا فرق خود آدمیوں کا پیدا کردہ ہے۔ خدا نے سبھی کو ایک جیسا بنایا ہے۔ جنم سے ہم سب انسان ہیں تو پھر شودر اور براہمن، چھتری اور دیش کی بنیاد پر فرق کیوں؟ انھوں نے ہریجنوں میں جاگرتی پیدا کی اور اُن کو ایک لڑی میں پرونے کی کوشش کی۔ اس سے صوبہ جموں میں ایک ہلچل مچ گئی اور کچھ لوگوں نے ان کے خلاف جہاد کھڑا کر دیا۔

مہاشہ ناہر سنگھ جی نے ۱۹۴۸ء کو جو درخواست سماج کی تمام برادریوں کو دی اُس میں چودہ[۱۴] مطالبات یوں درج ہیں۔

۱۔ چھوت چھات قانوناً ختم کی جائے۔

۲۔ ہریجنوں کو مندروں میں دیو درشن کرنے کی اجازت ہو۔

۳۔ ہریجنوں کے بچوں کو اسکولوں میں داخل کیا جائے اور ان کو وظیفے دیئے جائیں۔

۴۔ ہریجنوں کو سرکاری ملازمت دی جائے۔

۵۔ ہریجنوں سے بھی ممبر اسمبلی بنائے جائیں گے۔

۶۔ ہریجنوں کو زراعت پیشہ قرار دیا جائے۔

۷۔ ہریجنوں کو دیہہ شاملات آراضی دی جائے۔

۸۔ ہریجنوں کو گھریلو دستکاری سکھلائی جائے۔

۹۔ ہریجن جن مکانوں میں رہتے ہیں وہ مکان اور زمین ان کی ملکیت قرار دیا جائے۔

۱۰۔ ہریجنوں کو ہوٹلوں اور ڈھابوں پر روٹی کھانے کی اجازت دی جائے

۱۱ ۔ ہریجنوں کو کنوؤں اور باولیوں پر پانی بھرنے کی اجازت دی جائے۔
۱۲ ۔ ہریجنوں کی بستیاں بنائی جائیں ۔
۱۳ ۔ ہریجنوں کی جبراً بیگار بند کی جائے ۔
۱۴ ۔ پولیس کا ایک آفیسر لگایا جائے جو صرف ہریجنوں پر ہو رہی بے انصافیوں کی تحقیقات کرے ۔

متذکرہ بالا چودہ۱۴ مطالبات مہاشہ نا ہر سنگھ کی رہنمائی میں ہندوؤں سنگھٹنوں دہلی ، امرتسر ، لاہور و جموں کی ہندو سنگھٹنوں کو بھیجی گئیں ۔

مہاراجا ہری سنگھ جی کی طرف سے ایک فرمان جاری ہوا جس میں مندرجہ ذیل باتیں شامل تھیں ۔

۱ ۔ ہریجنوں کا داخلہ کنوؤں اور مندروں میں عام کیا جائے ۔
۲ ۔ ہریجنوں کے بچوں کو پرائمری درجہ چار سے وظیفہ دیا جائے ۔
۳ ۔ ہریجن بچوں کو اسکولوں میں علیحدہ نہیں بلکہ دوسرے بچوں کے ساتھ بٹھایا جائے ۔
۴ ۔ ہریجن بچوں کو نصابی کتابیں مفت دی جائیں ۔
۵ ۔ سرکاری ملازمت میں بلا لحاظ مذہب و ملت تقرری کی جائے۔
۶ ۔ ہریجنوں سے جبراً بیگار لینا بند کردی جائے ۔
۷ ۔ ریاستی قانون ساز اسمبلی میں ہریجنوں کو ریزرویشن دی جائے
۸ ۔ ہریجنوں کو ان کی آبادی کے تناسب کے مطابق ریزرویشن دی جائے جو اُس وقت کی ریاستی ہندو آبادی کے مطابق ۲۳.۲ فی صد تھی ۔ نیز اس شاہی اعلان کے ساتھ یہ بھی واضح کردیا کہ جو شخص اِن احکام کی خلاف ورزی کرتا ہوا پایا جاوے گا وہ سخت سزا کا مستوجب ہوگا ۔

سنہ ۱۹۲۲ء میں مہاشہ ناہر سنگھ آریہ سماج جموں کی جانب سے موضع پنھل تحصیل ادھم پور میں گئے، تو وہاں کے ہریجنوں نے مہاشہ جی کو کہا کہ ہمیں یا تو آریہ سماجی بناؤ یا سناتنی کیونکہ آپ سے پہلے کا ہی جہاں موضع کرٹگیال میں ایک پنڈت آیا وہ وہاں ہریجنوں کو سناتنی بنا رہا ہے۔ اُس پنڈت کا نام پنڈت" گوردھن" ہے وہ جموں کے محلہ ڈوگرہ ہال سے آیا ہے۔

اور کرٹگیال میں اُس کا ایک جلسہ بھی ہو رہا ہے۔ مہاشہ ناہر سنگھ وہاں گیا تو ایک شخص فتو رام کے گھر جلسہ ہوا، جس میں پنڈت نے مہاشہ ناہر سنگھ کے خلاف لوگوں کو بھڑکایا کہ "ناہر سنگھ مہاشہ ہے۔ اور میں" براہمن ہوں۔ تم لوگ میرے سے جنیو ڈلواؤ۔ جس پر فتو رام نے مہاشہ جی سے پوچھا آپ کون ہیں؟، مہاشہ جی نے بتلایا کہ میں آریہ سماج کا اپدیشک ہوں اور مجھے لوگ پنڈت کہتے ہیں کیونکہ جو میں کام کر رہا ہوں وہ پنڈت ہی کر سکتا ہے۔ اور آریہ سماج جنم سے کسی کو براہمن نہیں مانتا بلکہ کرم سے مانتا ہے۔ جس پر مجھے فتو رام نے اپنے گھر سے نکال دیا۔ آپ براہمنوں کے گھر جا دیں۔ اور کملو رام نے مہاشہ جی کو وہاں پونچا دیا جہاں کہ بیس پچیس گھر براہمنوں کے تھے۔ اور ایک گھر میں جا کر کہا کہ یہ آریہ سماج کے پنڈت ہیں۔ انہیں یہاں رات ٹھہرنے دیں جس پر براہمن کی عورت نے کہا کہ ہم کیوں رہنے دیں؟ لیکن اُس کے مرد نے اُسے ڈانٹ دیا اور مہاشہ جی کو برآمدے میں چارپائی لگا دی اور اپنے گھر سے چاول اور گُڑ لا کر اس بوڑھی عورت کو دیا اور کہا کہ مائی جی یہ لو چاول اور گڑ ہماری طرف سے پنڈت جی کو میٹھے چاول بنا دینا مائی نے لینے سے انکار کر دیا جس پر مہاشہ جی نے کہا کہ مائی جی پہلے تو آپ مجھے رہنے نہیں دے رہی تھیں اور اب آپ میرے لیے راشن بھی نہیں لے رہی ہیں جس پر مائی جی نے کہا کہ جو ہم روکھی کھائیں گے وہ آپ بھی کھا لینا۔ مہاشہ جی نے کہا کہ مجھے شاید یہاں آٹھ دن ٹھہرنا پڑے تو۔ مائی جی نے کہا کہ کوئی بات نہیں اور اُس کے بعد مہاشہ جی لوگوں کو ایک

جگہ پر اکٹھے کر کے آریہ سماج کا بھاشن دینا شروع کر دیا۔ مہاشہ جی کے پرچار کا لوگوں پر کافی اثر ہوا اور لوگوں نے مہاشہ جی کو یقین دلایا کہ ہم آپس میں کبھی بھی چھوا چھوت نہ کریں گے۔ اِسی طرح جب مہاشہ ناہر سنگھ جی کو آٹھ دِن گذر گئے تو کلو نے مہاشہ جی کو آکر بتلایا کہ ڈودگرہ ہال والا پنڈت ہریجنوں کو شدھ کرنے لگا ہے یہ بات کلو سے مہاشہ ناہر سنگھ نے پہلے ہی بتلا رکھی تھی کہ جب بھی تمہیں سناتنی پنڈت شدھ کرنے لگے تو مجھے آپ لوگ ضرور بلوا لینا مہاشہ ناہر سنگھ جب کلو کے ساتھ وہاں پہنچا تو پنڈت گوردھن ہون کر رہا تھا۔ جس کو دیکھ کر مہاشہ ناہر سنگھ جی نے اُس پنڈت سے کہا کہ پنڈت جی میں کوئی آپ سے بات پُوچھ سکتا ہوں۔ تو اُس نے کہا کہ ہاں ضرور پُوچھئے جس پر مہاشہ جی نے اُس سے پوچھا کہ آپ ان ہریجنوں کو آریہ سماجی بنا رہے ہیں یا ساتنی، جس پر اُس نے کہا کہ "سناتنی" جس پر ناہر سنگھ جی نے کہا کہ میں بھی یہی چاہتا ہوں کہ ان کو سناتنی بنایا جائے، تاکہ لوگ اِن سے چھوا چھوت نہ کریں۔ اور اِن ہریجنوں کو برابری کا حق ملے۔ اِس لئے آپ یہ بتلائیں کہ اِس گاؤں میں آریہ سماجی رہتے ہیں یا کہ سناتنی۔ اُس نے کہا کہ سناتنی" جس پر مہاشہ جی نے فرمایا کہ جائیے ان لوگوں کو بھی بلوا کر لائیں۔ تاکہ ہریجنوں کے ساتھ اُن کا کھان پان کرایا جائے، اور ان کو مساوی حقوق دلایا جائے۔ کیونکہ آریہ سماج میں جس بھی آدمی کو شدھ کیا جاتا ہے تو سب آریہ سماجی اُن کے ساتھ بیٹھ کر کھاتے پیتے ہیں اور ان کو برابری کا درجہ دیتے ہیں۔ اور پھر ان سے کوئی چھوا چھوت بھی نہیں کرتا ہے۔

مہاشہ جی نے کہا کہ ہریجنوں میں کچھ ایسی جاتیاں بھی ہیں جن سے لوگ مرے ہوئے مویشی پھینکاتے ہیں اُس نے کہا کہ مری ہوئی گائے کو باہر پھینکنا کوئی بری بات نہیں۔ کیونکہ جنجو درخت پر ٹانگ کر مرے ہوئے مویشی کو پھینک کر پھر نہا کر جنجو پہن سکتے ہیں۔ گائے ماتا کی سیوا کرنی چاہیئے کوئی بری بات نہیں مہاشہ جی نے کہا کہ گائے ماتا صرف ہریجنوں کی ہے یا اور لوگوں کی بھی مہاشہ جی نے مزید

کہا کہ آپ سناتنی ہندوؤں کو کہہ دیں کہ وہ اپنی اپنی مری ہوئی گائیں خود پھینک کر گائے ماتا کی سیوا کریں۔ پھر مہاشہ جی نے اُس پنڈت کو بھی کہا کہ آپ بھی جہاں چھ ماہ رہو اور مری ہوئی گائیں پھینک کر گائے ماتا کی سیوا کریں۔ مہاشہ جی نے کہا کہ آپ لوگ ہریجنوں سے یہ کام کیوں کرواتے ہیں۔ چھوا چھوت کے عدالتوں میں مقدمے چلتے ہیں جن کی وکیل جج مدد کرتے ہیں۔ جو لوگ وہاں اکٹھے ہوئے تھے۔

اُنہوں نے کہا کہ پنڈت جی آپ جائیں۔ ہم کچھ کرنے کے لئے نہیں آئے ہیں ہمارے ساتھ چھوا چھوت آگے جیسی ہی رہے گی۔

آپ تو صرف ہمیں جھنجوڑا لنے آئے ہیں کوئی چھوا چھوت تھوڑی ہی ختم کرنے آئے ہیں۔

اُسی روز پنڈت اپنی لڑکی کے ہمراہ وہاں سے چلا گیا اور رات کو ایک ذیلدار کے گھر پر رہا تو اُس نے رات کو اُس ذیلدار کو مہاشہ ناہر سنگھ کے خلاف کہا کہ یہ پنڈت نہیں ہے بلکہ مہاشہ ہے اور میں تو براہمن ہوں اور جموں کے رگھناتھ مندر کا پوجاری ہوں اور میرا نام پنڈت گوردھن ہے۔ اور اِس مہاشہ نے براہمنوں کے ساتھ کھانا کھایا ہے۔ جس پر ذیلدار نے کہا کہ آپ ثابت کریں گے کہ مہاشہ ناہر سنگھ براہمن نہیں مہاشہ ہے۔ جس پر ذیلدار نے قریبی دیہات کے لوگوں کو چٹھیاں لکھیں کہ آریہ سماج کا جو پنڈت آیا ہے وہ دراصل مہاشہ ہے اور وہ براہمنوں کے گھر ٹھہرتے ہوئے اُن کے کھانا کھاتا ہے اور اسی طرح چھوا چھوت کو ختم کر رہا ہے۔

مہاشہ ناہر سنگھ نے جو خدمت قوم اور عوام کی کی ہے اس کو بھلایا نہیں جا سکتا۔ اس عظیم شخصیت کے کارنامے اکثر یاد آتے رہیں گے۔

اصغر گونڈوی

اردو بزم سخن جن چند مخصوص ارباب کمال کی ذات پر بجا طور پر فخر کرسکتی ہے ان میں اصغر گونڈوی کی ذات گرامی ہے جن کے کلام کی نازک خالیاں درد آشنا قلوب کو ہمیشہ تڑپاتی رہیں گی۔ ان کا پورا نام اصغر حسین اور تخلص اصغر تھا۔ اصلی وطن گورکھپور تھا لیکن اصغر نے سکونت گونڈہ میں اختیار کرلی تھی۔

اصغر گونڈوی یکم مارچ ۱۸۸۴ء میں پیدا ہوئے اور ۳۰ رنومبر ۱۹۳۶ء کو الہ آباد میں انتقال فرماگئے۔

رشید احمد صدیقی فرماتے ہیں۔

"شاعر نہیں دنیا کا ہر شریف فن کار ریاض اور دکھ رکھاؤ چاہتا ہے۔ اصغر کی شاعری اسی کا نمونہ ہے۔ اگر جدید اسکول اسے پسند نہیں کرتا تو یہ اصغر کا قصور نہیں ہے قصور اردو معیار کا ہے اصغر اپنے کلام کی حیثیت میں ہمیشہ زندہ رہیں گے۔"

اصغر کا پورا کلام دو نہایت مختصر مجموعوں میں سمٹ آیا ہے جن کا نام "نشاط روح" اور "سرود زندگی" ہیں۔

اصغر کی شاعری نے اور کچھ ہو یا نہ کیا ہو ایک بڑا کام تو اُس نے کیا ہی ہے ہم کو شریف انسان بنانے کی جیسی غیر شعوری کوشش اصغر نے اپنے شاعری میں کی ہے۔ شاید عصر جدید کا کوئی دوسرا شاعر نہیں کرسکا۔ آج ظلم پسندی کا رجحان بہت عام ہے۔ اس کے ساتھ ہی مظلومیت

پسندی کا رجحان کچھ ملکوں میں پھیلا ہوا ہے۔ اس کے علاوہ عریاں پسندی کا رجحان ہپیوں کا ایک محبوب مشغلہ بن گیا ہے۔ جب نوع انسانی اس گمراہی حد تک پہنچ گئی ہے۔ تو اس کا علاج روحانیت اور تصوف و معرفت ہی کے ذریعہ ہوسکتا ہے اس قسم کے تزکیہ نفس کے لیے صوفی شعراء کا کلام ہمارے قلب کی تسکین کا باعث ہوسکتا ہے اصغرؔ کا کلام ہمارے لیے نشاط حیثیت رکھتا ہے۔ دور حاضرہ میں اصغرؔ کا کلام کافی اہمیت رکھتا ہے۔

اصغرؔ پاکیزہ اور مہذب زندگی گذارتے تھے۔ یہی پاکیزگی اور تشنگی ہم کو ان کے کلام میں بھی ملتی ہے۔

اصغرؔ رسمی طور پر صوفی نہیں تھے۔ ان کا تصوف دردؔ اور آتشؔ کے تصوف سے جداگانہ حیثیت رکھتا ہے۔

اصغرؔ نے عیش و خوشی سے زندگی کے دن کاٹے۔ یہی وجہ ہے کہ ان کے تصوف کی فضا میں مسرت کی دھوپ چمکتی ہوئی نظر آتی ہے۔

غزل کیا اک شرار معنوی گردش میں ہے اصغرؔ
یہاں افسوس گنجائش نہیں فریاد ماتم کی

اصغرؔ حقیقت کے راستے سے مجاز کی منزل میں داخل ہوتے ہیں۔ انھوں نے حقیقی عشق کو مجازی رنگ میں پیش کیا ہے۔ ان کا محبوب حقیقی لباس مجازی میں جلوہ گر ہے۔

تم سامنے کیا آئے اک طرز بہار آئی
آنکھوں نے مری گویا فردوس نظر دیکھا

اصغر دورِ جدید کے ایک بڑے شاعر ہیں انھوں نے شاعری کو پست اور رکیک خیالات سے پاک وصاف کیا۔ وہ طربیہ شاعر ہیں۔ یعنی ایسے شاعر ہیں جن کی شاعری ایک حسین گلاب ہے جس سے سرخی جھلکتی ہے۔

ـــــہ

پہلی نظر بھی آپ کی اُف کس بلا کی تھی

ہم آج تک وہ چوٹ ہیں دل پر لیے ہوئے

اصغر کی شاعری میں جہاں فلسفہ وحکمت کی باریکیاں، تخیل کی بلندیاں اور شباب کی رنگینیاں ملتی ہیں وہیں کردار میں نفاست، اخلاق میں مروت اور نظر میں وسعت بھی ان کی رفتار وگفتار میں یکسانیت ہے جو دوسروں میں بہت کم نظر آتی ہے انھوں نے ایک ایسے دور میں آنکھ کھولی جب زمانہ تیزی سے ترقی کر رہا تھا پرانی قدریں مِٹ رہی تھیں۔ نئے افکار وخیالات دلوں میں جاگزیں ہو رہے تھے۔ غمِ عشق کی جگہ غمِ روزگار جگہ پکڑ رہا تھا۔ لوگ حسن وعشق کے قصوں سے بڑھ کر زندگی کو ادب سے ہمکنار کرنے کی فکر میں تھے۔ داخلیت پر خارجیت کا رنگ بھی گہرا ہو چکا تھا۔

اصغر نے پہلے پہل جب اس کوچہ میں قدم رکھا تو پامال وفرسودہ زمین ہاتھ لگیں، لیکن سے جلد ہی دل اُچاٹ ہو گیا۔

اصغر نے غزل ہی کو اپنا غمگسار بنایا لیکن احساس، جدت و ندرت کے ساتھ۔ ملکی سماجی اور معاشرتی مسائل کو رو دھو کر نہیں بل کہ ہنسی خوشی سے طے کرنے کا ڈھنگ نکالا۔

اصغر کے کلام میں سوز وگداز بھی ہے اور ولولہ انگیزی بھی روحانیت بھی ہے اور وارداتِ قلبی بھی محبت کی رنگینیاں بھی اور جوانی کے تقاضے بھی۔

نہ ہیں دیوانہ ہوں اصغر نہ مجھکو ذوق عریانی
کوئی کھینچے لیے جاتا ہے خود جیب و گریباں کو

اصغر مشاہدہ حق میں کامیاب ہوئے ہیں۔ اس قسم کا مشاہدہ مشق و ریاضت پر منحصر ہے۔ انھوں نے ریاضت و عبادت کے خلوص کی بنا پر محبوب حقیقی کے دیدار میں کامیابی حاصل کر لی ہے۔

ہر حال میں بس پیش نظر ہے وہی صورت
میں نے کبھی روئے شب ہجراں نہیں دیکھا

اصغر نے وحدت الوجود کے متعلق بھی اپنے خیالات کا اظہار کیا ہے۔ وحدت الوجود کا مفہوم یہ ہوتا ہے کہ کائنات میں خدا کے وجود کے علاوہ اور کسی چیز کا وجود ہی نہیں ہے۔ وہ اس بات کو بڑے زور سے کہتا ہے کہ دنیا میں جتنی چیزیں ہیں سب فریب ہیں۔

لو شمع حقیقت کی اپنی ہی جگہ پر ہے
فانوس کی گردش سے کیا کیا نظر آتا ہے

اصغر غم دوراں سے قطعی طور پر بے نیاز ہیں۔ اسی لیے ان کو موج حوادث سے بھی نظر نہیں ہے اس کی بے نیازی کی حد یہ ہے کہ غم تو غم ہے وہ اپنی بے نیازی کی بنا پر خدا کو بھی بھول جانا چاہتا ہے۔

ہوش کس کا بھی نہیں جلوہ گر نماز میں
بل کہ خدا کو بھول جا سجدہ بے نیاز میں

ساحر لدھیانوی

کل اور آئیں گے نغموں کی
کھلتی کلیاں چننے والے
مجھ سے بہتر کہنے والے
تم سے بہتر سننے والے

ایک ایسی شخصیت نے یہ فلمی نغمہ لکھا تھا جس کا نام عبدالحی تھا مگر یہ زمانہ اُس کو ساحر لدھیانوی کے نام سے جانتا ہے۔ ساحر کا جنم ۸ مارچ ۱۹۲۱ء میں ایک زمیندار گھرانے لدھیانہ میں ہوا تھا۔ ان کے والد چودھری فضل محمد کا شمار شہر کے معروف اور معزز لوگوں میں تھا۔ اولاد نرینہ کے خاطر ان کے والد نے گیارہ شادیاں کیں تھیں۔ ساحر کی والدہ سردار بیگم انکی گیارھویں بیوی تھی۔ ساحر کی والدہ کو اپنے جائز حقوق حاصل کرنے کے لیے عدالت کا دروازہ کھٹکھٹانا پڑا۔

ساحر کو جو اذیت ماضی سے ملی تھی، وہ اُس کا زندگی بھر پیچھا کرتی رہی اُن کا ماضی ان کے حال پر متواتر اپنا تاریک سایہ ڈالتا رہا اور وہ اس سے کبھی نجات نہ پا سکے۔ ان کے دل و دماغ پر اذیت ناک ماضی کی اس مضبوط گرفت نے ان کی نفسیات پر بڑے گہرے اثرات مرتب کیے۔

ساحر کی ایک نظم "جاگیر" اس کی غماز ہے کہ وہ اپنے ماضی کو اپنے لیے اور اذیت کا باعث کیوں تصور کرتے تھے۔

میں ان اجداد کا بیٹا ہوں جنھوں نے پیہم
اجنبی قوم کے سائے کی حمایت کی ہے

ساحر اپنی زندگی میں حوصلہ شکن تلخ حقیقتوں کا سامنا کرنے اور ہمیشہ ایک روشن مستقبل کے خواب دیکھتے۔ مگر یہ خواب ان کا ساتھ چھوڑ چکے تھے۔ وہ نہ صرف اپنے لیے بلکہ بنی نوع انسان کے لیے بھی خواب دیکھتے۔

ساحر اپنی ذات سے بے حد مربوط اور بے حد کٹا ہوا شاعر ہے۔
دیکھنے میں پرہجوم مگر بکھرے ہوئے۔

وہ بیک وقت موضوع اور معروض سے منسلک ہے۔ - - - - - -

اُن کا تخلیقی کام تناقضات کے عجائبات کا حیرت کدہ ہے۔ بظاہر ساحر کی نظمیں اور غزلوں کے مصرعے اپنی ساخت کے اعتبار سے سادہ اور ترکیبیں انتہائی سہل ہوتی ہیں۔ اس کے باوجود ان کے اظہار کے سانچے گہری جذباتیت کے زہر میں بجھے ہیں۔

ساحر کی شاعری ہندوستانی ثقافت کا ایک موروثی رنگ ہے۔ فیض جمالیاتی التزام کو پوری طرح سامنے رکھتے ہیں جب کہ ساحر نے صرف اس درد اور کرب کو لفظوں میں بے ساختگی سے پیش کیا ہے جو اُسے اجتماع سے تجربے کی شکل میں ملا ہے۔

ساحر کا کتنا حسین ارتعاش ہے۔ جو ہر کے احساس کے تاروں کو مرتعش کرنے لگتے ہیں۔ - - - - - -

چند کلیاں نشاط کی چُن کر
مدتوں محو یاس رہتا ہوں
تیرا ملنا خوشی کی بات سہی
تجھ سے ملکر اُداس رہتا ہوں

اِنسان اپنے سے دور جانے والوں کو اکثر بھول جاتا ہے۔ یہ بات ساحر جانتا تھا۔ اس لیے اُس نے اپنی زندگی میں وہ بات کہہ دی۔

کل مجھ کو کوئی یاد کرے
کیوں مجھ کو کوئی یاد کرے

مصروف زمانہ میرے لیے
کیوں وقت اپنا برباد کرے

اعزاز واکرام پانے والا ساحر ۲۵ اکتوبر ۱۹۸۰ء بروز سنیچر وار کو ۵۱ سال، ۷ ماہ، ۱۷ دن تک اپنے فرض کو پورا کرتا رہا اور اُس کا جسمانی وجود موت کی اندھی گپھاؤں کی نذر ہو گیا۔ لیکن جب تک سینوں میں معصوم جذبات دِل بن کر دھڑکتے رہیں گے، زندگی تب و تاب سے بریز ان کی شاعری ہمارا ساتھ دے گی۔

ساحر نے اپنے قلم کی قوت سے فلمی گیتوں کو اگر ایک طرف حُسن کی لطافت اور نزاکت اور عشق کا درد اور کسک بخشی تو دوسری طرف سماجی مادی اور اقتصادی شعور دیا۔ اُس نے خود کو دھوکہ دیا نہ اپنے فن کو، نہ عوام کو، اُس

نے جو کیا وہ حیثیت ایک بیدار شاعر کیا
اُس نے ہندوستان میں ایک جاگرتی اور بھائی چارہ کے پیغامات بھی گیتوں کے ذریعے دیئے۔ اُس نے ثابت کر دیا کہ انسان صرف صرف انسان ہے۔ وہ ہندو، مسلمان، سکھ اور کچھ بعد میں۔

تو ہندو بنے گا نہ مسلمان بنے گا
انسان کی اولاد ہے۔ انسان بنے گا
نفرت جو سکھائے وہ دھرم تیرا نہیں ہے
انسان کو جو روندے وہ قدم تیرا نہیں ہے

ساحر ناحق اور غیر مساوی نظام کا دشمن ہے۔ اُس کی پُر اُمید طبیعت اندھیرے کو چھٹا ہُوا محسوس کرتی ہے اور جلد اُٹھتا ہے۔

کس کے روکے رُکا ہے سویرا

وہ تمام مصائب و آلام کے ختم ہونے کا یقین دلاتا ہے جو آج زہر بن کر ہمارے سماج کی رگوں میں شرارت کیے ہوئے ہیں۔ یہ نرک سے بھی گندی دنیا میں سورگ بنائی جائے گی۔ وہ صبح کبھی تو آئے گی۔۔

افلاطون

افلاطون حضرت مسیح سے ۴۲۷ سال قبل پیدا ہوا۔ اس کا خاندان "اتھنیس" (اثلینہ) میں بہت ممتاز تھا۔ دادا نے ارستاکلیس نام رکھا تھا لیکن بچپن میں اسکی صحت بہت اچھی تھی اور جسم چوڑا چکلا۔ اس لیے ایک استاد نے اس رعایت سے اس کا نام "پلاٹون" رکھ دیا۔ پلاٹون کے معنی چوڑے چکلے کے ہیں۔ اسے ہم معرب کرکے فلاطون اور افلاطون کر لیا ہے۔

جوانی میں فلاطون نے علمی سیاست میں کوئی حصہ نہیں لیا۔ یہ اثلینہ کی علمی صحبتوں سے مستفید ہوتا رہا۔ کہا جاتا ہے کہ فلاطون شعر بھی کہتا تھا۔ اس کی زندگی کی کلی اس وقت کھلی جب اس پر سقراط کی نظر بہار پڑی۔ سقراط سے ملنے کے بعد افلاطون نے اپنی شاعری کا سارا دفتر سپرد آتش کر دیا۔

سقراط کو زہر کا پیالا پینا پڑا اور افلاطون کا تعلق ۳۹۹ ق۔ م میں ان سے ختم ہوگیا۔ اس کی نظر چوں کہ مستقبل پر تھی۔ اس لیے اس نے اپنے تعلیمی کام کو درس ہی تک محدود نہ رکھا۔ اس نے آنے والی نسلوں کے لیے اپنی متعدد تصانیف چھوڑے ہیں اور اس کا درس ہمارے لیے اس شان سے محفوظ ہے کہ کتابوں کو پڑھتے وقت معلوم ہوتا ہے کہ ہم خود افلاطون کے حلقہ فلسفہ میں جا بیٹھے۔

تصنیف کے میدان میں فلاطون کو وہ مرتبہ ملا جو اور کسی کو حاصل نہیں۔ بقول ونڈل بانڈ" اس کی شخصیت کے نظری اور علمی پہلو دونوں اگر

جمالیاتی کمال میں مِل گئے ہیں۔ مصلح اور مفکر کا تضاد آرٹسٹ کی ذات میں غائب ہوگیا ہے۔

علمی تعمق، ایک پیغمبرانہ شان اور حسن بیان کی آمیزش، یہ تینوں چیزیں ہمیں افلاطون میں ملتی ہیں۔

۱ "ریاست" میں افلاطون نے اِنسان کی پوری زندگی پر نظر ڈالی ہے۔ اس میں بھی خاص کر زیادہ توجہ اِنسانی زندگی کے علمی پہلو پر ہے۔ روسو کے مطابق "فن تعلیم پر آج تک جتنی کتابیں لکھی گئی ہیں ان میں (ریاست) سب سے بہتر ہے"

ریاست کی تیاری کے لیے افلاطون نے دس سال سے زیادہ عرصہ صرف کیا۔ اُس کے نزدیک اِنسان ریاست یا تحقیق عدل نام کی یہ کتاب افلاطون کے شجر علم کا پختہ ثمر ہے۔

محض انفرادی حیثیت نہیں رکھتا بل کہ اپنی تمام صلاحیتوں کو درجہ کمال تک پہنچانے کے لیے کِسی جماعت، کِسی ریاست کی رکنیت کا محتاج ہوتا ہے۔ اچھا آدمی اچھی ریاست میں ہی پیدا ہوسکتا ہے۔ افلاطون فرد کو جسم اجتماعی کا ایک عضو مانتا تھا اِسلیے وہ چاہتا تھا کہ نفس کا بندہ بن جانے کے بجائے ضبط نفس سے کام لینا چاہیے اور جماعت کی فلاح کے لیے بس ایک کام اختیار کرنا ضروری ہے۔

وہ کہتا ہے کہ ہر فرد اور ہر طبقہ اپنے فرض مفوضہ کو قناعت اور خوش دلی سے انجام دیتا رہے۔ اپنا "دھرم" پورا کرتے رہے۔ اس کے مطابق یہی اجتماعی زندگی کا سچا اصول یعنی عدل ہے۔ اِسی وجہ سے "ریاست" کا دوسرا نام "تحقیق عدل" بھی ہے۔ ریاست دراصل تعلیمات پر ایک مقالہ ہے کہا جائے تو غلط نہ ہوگا۔ اس میں خلاصہ کے طور پر (۱) ماہیت عدل (۲) نظام تعلیم (۳) نظام معشیت وغیرہ موضوعات پر کافی سرمایہ شامل ہے۔"

ماہیت عدل میں وہ ثابت کرنا چاہتا ہے کہ اگر ریاست میں عدل مختلف طبقوں کے اپنے اپنے فرائض کو انجام دینے کا نام ہے تو انفرادی زندگی میں عبادت ہے۔ روح کے اجزائے ثلاثہ اپنا اپنا کام انجام دیں۔ اور عقل، جذبات اور شہوات اپنی اپنی حدود میں کارفرما ہوں اور شخصی زندگی ان میں ہم آہنگی اور توازن پیدا کرے۔

افلاطون کہتا ہے کہ "صحیح تعلیم کے بعد نہ امراض جسم کی گنجائش ہے نہ امراض روح کی اور طبیب اور وکیل انھیں امراض کی علامت ہیں۔ وہ نہ تو مرض کو باقی رکھنا چاہتا ہے نہ علامات کا روادار ہے۔ اُس کے نزدیک ریاست جماعت عاملہ ہے۔ جس پر قانون بنانے کی کوئی پابندی نہیں۔ اس جماعت عاملہ کا کام دراصل تعلیمی کام ہے۔ اور ریاست ایک تعلیمی ادارہ ہے اور بس۔"

معیشت افلاطون کے سامنے ایک اخلاقی مہم ہے۔ جدید اشتراک سیاسی اور معاشی قوت کا حامل جمود کو بنانا چاہتا ہے۔ اس کا اشتراک تزکیہ سیاست کی خاطر اپنے حکمران طبقہ کو معاشی زندگی سے بلکل بے تعلق کرنا چاہتا ہے۔ جدید اشتراک دولت کا اشتراک ہے۔ فلاطون کا اشتراک ترک دولت کا اشتراک ہے۔

افلاطون یہ چاہتا ہے کہ ہر فرد اور ہر طبقہ کو اس کے وظائف مخصوص کے لیے تیار کرنے کا انتظام کیا جائے اور یہ کام تعلیم کا ہے۔ چناں چہ وہ ریاست میں تعلیم کا نہایت مفصل نظام پیش کرتا ہے۔

"نظام تعلیم کی تفصیلی بحث کے بعد وہ محسوس کرتا ہے کہ اسے کامیابی کے ساتھ عمل میں لانے اور مستقل بنانے کے لیے اجتماعی زندگی کے بہت سے اداروں کو بدلنا ضروری ہے۔ چناں چہ معیشت کا اشتراکی نظام تجویز کرکے گراہوں کا سدباب کرتا ہے۔"

آئن سٹائن

البرٹ آئین سٹائن ۱۴ مارچ ۱۸۷۹ء کو جنوبی جرمنی کے ایک شہر الم میں پیدا ہوا۔ مگر اس نے اپنا بچپن زیادہ تر میونک میں گزارا۔ بچپن کے ناقابلِ فراموش واقعات میں سے وہ باپ کے دو تحفوں کا ذکر کرتا ہے۔ پانچ سال کی عمر میں مقناطیسی قطب نما اور ۱۲ سال کی عمر میں جیومیٹری کی کتاب۔ سنگیت اس نے اپنی ماں سے سیکھا قطب نما، جیومیٹری اور وائلن کے گرد ہی اس کی ساری زندگی گھومتی رہی۔ ستاروں کی حرکتوں میں وُہی ترتیب اور لے ہونی چاہیے۔ جو وائلن مہروں میں ہوتی ہے....

اسکول میں کتابوں کے سوا، اس کا کوئی دوست نہ تھا۔ جب سیکنڈری اسکول میں داخل ہوا، تو اس کا باپ کاروبار کے لئے اٹلی چلا گیا۔

میونک میں اور بھی اکیلا ہو گیا۔ ۱۶ رسال کی عمر میں اسکول کی پڑھائی ختم کرنے کے بعد باپ نے صلاح دی کہ "فلاسفرانہ جہالتوں" کو چھوڑ کر کاروبار کی طرف دھیان دو۔ مگر بچے کی ضد سے مجبور ہو کر باپ نے اسے ریاضی کی مزید تعلیم حاصل کرنے کی اجازت دے دی۔

زلیورچ کی پالی ٹیکنک اکادمی میں اسے بمشکل داخلہ ملا۔ وہاں ریاضی اور فزکس کے علاوہ، آئین سٹائن نے شوپن ہاور اور کانت کے فلسفہ، ڈارون کے ارتقا اور اشتراکیت کی اقتصادیات کے مطالعے کئے، ڈگری لینے کے

بعد، نوکری حاصل کرنے کے لئے اس نے کئی اسکولوں کے دروازے کھٹکھٹائے مگر یہودی لڑکا ہونے کی وجہ سے اسے سب جگہ جواب ملا۔

آخر سنہ ۱۹۰۵ء میں آئین سٹائن سوئٹزرلینڈ کے پیٹنٹ دفتر میں کلرک کی ایک نوکری حاصل کر لینے میں کامیاب ہو گیا۔ اس کے بعد اُس نے اپنی ایک ہم جماعت لڑکی سے شادی کر لی۔

دفتر کے کام کے بجائے وہ زیادہ وقت ستاروں کے خوابوں اور حسابی ارلعوں میں کھویا رہتا تھا۔ سے ذکر تک نہ کیا تھا۔ بڑی عاجزی سے آئین سٹائن نے ایک اخبار کے ایڈیٹر سے مضمون شائع کرنے کے لئے کہا۔ ایڈیٹر رضامند ہو گیا۔ اور . . . . اور وہ ایک تاریخی واقعہ بن گیا۔

اِس میں کائنات کا راز اور اس سے بڑھ کر ایٹم کا راز پنہاں تھا۔ کرہ زمین کی لاکھوں برس کی قید سے آزاد کرنے کا راز پایا۔ اور سیاستدانوں نے اس میں نوع انسان کا نام و نشان مٹانے کا راز حاصل کیا۔

آئین سٹائن نے فزکس پر نیوٹن کے دو سو سالہ تسلط کو ختم کیا اُس نے بالکل اُسی طرح نئی سائینس کی بنیاد رکھی۔ جس طرح نیوٹن نے ارسطو کے بعد نئی سائینس کی بنیاد رکھی تھی۔

اب تک یہ سمجھا جاتا تھا کہ مادہ کی کل مقدار معین ہے۔ جن میں کمی و بیشی ناممکن ہے۔ آئین سٹائن نے بتایا کہ مادہ اور قوت کو بنایا اور مٹایا جا سکتا ہے۔ اور اُنہیں ایک دوسرے میں تبدیل کرنا ممکن ہے۔ اس نے انہیں

تبدیل کرنے کا فارمولا بھی پیش کیا۔ جن کے مطابق قوت۔ مادہ، روشنی کی رفتار روشنی کی رفتار۔ اس سے ظاہر ہے کہ تھوڑی سی مقدار کے مادہ سے بے پناہ قوت پیدا ہوسکتی ہے کیوں کہ روشنی کی رفتار ۱۸۶۰۰۰ میل فی سیکنڈ ہے۔ اس حساب سے اگر ایک پونڈ کوئلہ پوری طرح قوت میں تبدیل ہوسکے۔ تو اُس سے کئی کھرب کلوواٹ یاور بجلی حاصل ہوسکے گی۔ اس فارمولہ سے سورج کی قوت کا راز بھی سمجھ میں آیا۔ سورج کی روشنی اور گرمی کسی ایندھن کے جلنے سے نہیں بل کہ اِس کے مادہ قوت میں تبدیلی کی وجہ سے ہے مادہ کی مہیا کرسکتی ہے۔

یہی اصول ایٹم بم بنانے والوں کے کام آیا۔ یورنیم یا کسی اور غیر مستحکم ایٹم والی دھات کی تھوڑی سی مقدار کے ایٹموں کو توڑنے سے بے اندازہ قوت پیدا ہوتی ہے۔ جسے تباہی کے کام لایا جاتا ہے۔ ۶ اگست ۱۹۴۵ء کو ایک ایسے ہی بم نے جاپان کے شہر ہیروشیما میں ساٹھ ہزار اشخاص کو موت کے گھاٹ اُتارا تھا۔ اور ایک لاکھ کو ناکارہ بنا دیا تھا۔ روس اور امریکہ ۱۰۰ میگاٹن کے تجربے کر رہے ہیں جب کہ ایک میگاٹن کی طاقت جاپان پر گرائے گئے بم سے ایک لاکھ گناہ زیادہ ہے۔

آئین سٹائن نے یہ بھی ثابت کیا کہ متحرک چیزوں کے بارے میں نیوٹن کے اصول روشنی پر لاگو نہیں ہوتے۔ چاہے روشنی کی رفتار میں فرق نہیں پڑتا۔

نیوٹن نے کہا تھا کہ ہر چیز ساکن ہونے کی کوشش کرتی ہے۔ آئین سٹائن نے اعلان کیا کہ ہر چیز ہر وقت حرکت میں رہتی ہے۔ مگر چیزوں کی حرکت ایک دوسرے کی نسبت سے ہوتی ہے اگر وہ چیزیں ایک سمت میں ایک جیسی حرکت میں ہوں تو وہ ایک دوسرے کے لئے ساکن ہوں گی۔ مگر باقی سب کے لئے متحرک۔

حرکت کی رفتار اور رفتار کا رُخ مشاہدہ کرنے والے کے مقام کی نسبت سے طے ہوتا ہے زمین کی سطح پر سے دیکھنے والوں کو زمین پر متحرک جو چیز سیدھی لائن چلتی نظر

آئے گی۔ خلا سے مشاہدہ کرنے والے کو زمین کا راستہ گولائی میں نظر آئے گا۔ کسی چیز کی حرکت کی رفتار مشاہدہ کرنے والے کی رفتار اور رُخ کی نسبت سے طے ہوگی چلتی گاڑی کی رفتار ساکن آدمی کے لئے ایک ہوگی اسی سمت میں جانے والی دوسری گاڑی میں بیٹھے آدمی کے لئے دوسری ہوگی اور مخالف سمت میں جانے والی گاڑی میں بیٹھے آدمی کے لئے تیسری ہوگی۔

رفتار اور رفتار کے رُخ کے علاوہ کسی چیز کی جسامت بھی مشاہدہ کرنے والے کی پوزیشن پر منحصر ہے۔ حرکت سے چیزوں کی جسامت چھوٹی ہو جاتی ہے۔ اگر مشاہدہ کرنے والا چلتی گاڑی میں بیٹھا ہو...... جسے گاڑی ساکن نظر آئے گی۔ تو اسے باہر سے دیکھنے والے کی نسبت گاڑی لمبی نظر آئے گی جوں جوں رفتار تیز ہوگی۔ جسامت کم ہوتی جائے گی۔ اگر ایک گز لمبی چھڑی کو روشنی کی رفتار سے حرکت میں لانا ممکن ہو، تو اس کی لمبائی صفر رہ جائے گی۔ جس کا مطلب یہ ہوا کہ مختلف وقتوں میں اس کی لمبائی مختلف تھی۔ اس طرح لمبائی یا فاصلہ کی ہستی وقت کی نسبت سے ہے وقت کی بھی آزاد ہستی نہیں۔ اس کی نوعیت بھی دیکھنے والے کی پوزیشن کے مطابق بدل جاتی ہے۔ ہمارا وقت ہماری دنیا کی چیز ہے۔ ہر دنیا —— ہر سیارے اور ستارے۔ کا اپنا وقت ہے۔ جو ہمارے لئے آج ہے وہ کسی دوسرے سیارے کے لیے کل ہوگا۔ اور تیسرے کے لئے پرسوں۔ کئی ستاروں کی جو روشنی ہمیں آج نظر آتی ہے وہ ہزاروں، لاکھوں سال پہلے چلی ہوگی۔ ہمارے لئے وہ ستارہ آج حقیقت بنا شائد اس دوران اُس ستارے یا کسی اور ستارہ کے لوگوں کے لئے اس کی ہستی ہی ختم ہوگئی ہو۔ اس طرح اس زمین کا نظارہ کسی سیارے تک ہزاروں سال بعد پہنچ سکتا ہے۔ (روشنی کے پہنچنے کا عرصہ فاصلے پر منحصر ہے۔) ہو سکتا ہے کسی سیارے کے لوگ آج مہابھارت کی لڑائی کا حال دیکھنے کے قابل ہوئے ہوں (جہاں زمین کی

روشنی آج پہنچی ہو۔ اور جن کے پاس زمین کے نظارے دیکھنے کے آلے موجود ہوں۔) اس طرح جسے ہم ماضی بعید کہتے ہیں اسے وہ حال سمجھتے ہیں۔ سائینس کے نکتہ نگاہ سے حال سے ماضی یا مستقبل جاننا اسی طرح ممکن ہے۔ (عملی مشکلات چاہے کچھ بھی ہوں) جس طرح زمین سے چاند یا مریخ۔ کیوں کہ وقت کی ہستی فاصلہ کی نسبت سے ہے اُسی طرح جیسے فاصلہ کی ہستی وقت کی نسبت سے ہے۔ وقت کی تبدیلی کے ساتھ وقت کی ہستی بدل جاتی ہے۔

اسی طرح ہر تجربہ اور مشاہدہ کی حقیقت مطلق اور غیر مشروط نہیں حقیقت جاننے کے لیے اسے ہر نسبت سے جاننا چاہیئے فاصلہ، رفتار، رفتار کا رُخ اور وقت، آئین سٹائن نے اس تھیوری کو ریلے ٹی وٹی نسبتی علم کا نام دیا۔ موسیقار سائینسدان نے کائنات کے مختلف پہلوؤں ـــــ وقت اور فاصلہ میں پہلی بار ایک تال اور ایک لَے ڈھونڈ نکالی۔

عالم کی شخصیت کا سِکہ جمنا شروع ہوگیا۔ زیورچ یونیورسٹی نے اسے پروفیسری کا عہدہ پیش کیا۔ یوٹریکٹ اور لندن سے بھی اسے ایسی ہی پیش کش آئی۔ مگر اس نے برلن میں پروفیسری قبول کی۔ تاریخ کے سب سے بڑے سائینسدانوں میں اس کا شمار ہونے لگا۔

مگر آئین سٹائن کو اپنی ہی دُھن تھی۔ وہ سچائی کی مزید گہرائیوں تک غوطہ زنی کرنا چاہتا تھا۔ ریاضی کے فارمولوں اور وائلن کے سہارے اس نے اپنی جستجو جاری رکھی۔ سنہ ۱۹۱۴ء کی جنگ عظیم نے اسے کچھ ٹھیس پہنچائی حساس دلِ چلّا اُٹھا۔ ”جنگ ایک شیطانی اور حیوانی جرم ہے۔ میں اس میں حصّہ لینے کی بجائے ٹکڑے ٹکڑے ہو جانا قبول کر دوں گا ـــــ۔“

مگر وہ پھر اپنی دنیا میں کھو گیا۔ ارد گرد کے شور و غل، اتھل پتھل اور خون خرابے سے بے نیاز آئین سٹائن کائنات کی نئی گتھیاں کھولنے میں نسبتی علم کی نئی وضاحتوں میں اور وائلن کی نئی طرزوں میں مگن تھا۔

آئین سٹائن نے اپنی نسبتی علم کا اطلاق کشش ثقل پر بھی کیا۔ نیوٹن نے کہا تھا کہ زمین کی کشش کی وجہ سے ہر چیز سیدھی زمین پر گرتی ہے۔ آئین سٹائن نے کہا کہ یہ کشش بھی مطلق اور غیر مشروط نہیں۔ ہر چیز کی کشش کا ایک حلقہ ہوتا ہے اور کشش کا راستہ سیدھا ہونے کی بجائے پیچدار ہوتا ہے۔ نیوٹن نے کہا تھا ’’کہ روشنی کا راستہ ہمیشہ سیدھا ہوتا ہے۔ آئین سٹائن نے بتایا کہ یہ بھی پیچدار ہے سورج اور ستاروں سے آنی والی روشنی زمین تک پہنچتے ہوئے۔ مڑ جاتی ہے اس نے روشنی کے جھکاؤ کے ٹھیک زاویہ کا اپنے حسابی طریقے سے شمار بھی کیا۔

اب تک آئین سٹائن کا سارا علم حسابی اور منطقی نکتہ نگاہ سے ہی ٹھیک سمجھا جاتا تھا کائنات پیمانہ کے وقت اور فاصلہ کو ماپنا کہاں آسان تھا مگر سنہ 1919ء میں اس کے انداز نے گرہن کے علمی مشاہدوں سے حاصل شدہ نتائج کے عین مطابق نکلے۔ آئین سٹائن کی سچائی کا لوہا مکمل طور پر مان لیا گیا۔ ایک ہی دن کے اندر اس کی شہرت سات آسمانوں تک جا پہنچی۔

’’ہر کوئی میرے بارے میں بات کرتا ہے۔ مگر مجھے کوئی نہیں سمجھتا‘‘ اپنی شہرت کی خبریں سُن کر سائینسدان نے کہا۔ ’’لوگ مجھے دنیا کے سرکس کا ایک نیا عجیب جانور سمجھتے ہیں‘‘ وہ اس سے گھبرا گیا۔

اپنے نئے رُتبہ کو آئین سٹائن نے سائنس اور امن کا پیغام سنانے کے لئے استعمال کیا جنگ کے بعد اس نے اپنی شخصیت کے ذریعے فاتح اور مفتوح

قوموں میں دوستی کا رشتہ بنانے کی کوشش کی۔ انگلستان فرانس۔ ہالینڈ، سپین اور دُور مشرق، جہاں کہیں اسے مدعو کیا گیا۔ اُس نے انسانیت کو بحال کرنے کی اپیل کی۔

ابھی وہ امریکہ کے دورہ پر تھا۔ کہ ہٹلر نے جرمنی کی عنان حکومت سنبھال لی اور جمہوری نظام کے خاتمہ کے بعد یہودیوں کے صفایا کی مہم شروع کر دی۔ آئین سٹائن کا گھر جلا دیا گیا اور اس کے سر کی قیمت بیس ہزار مالک مقرر ہوئی۔ اپنے وطن کا یہ حال دیکھ کر اُس نے امریکہ کی شہریت اور برٹسن یونیورسٹی کی پروفیسری قبول کر لی اور علم کی سرحدوں کی مزید توسیع کرنے میں مصروف ہو گیا۔

سنہ ۱۹۵۰ء میں آئین سٹائن نے فزکس کی کشش، ثقل، قوت برقی اور طاقت کی مشترکہ تھیوری شائع کی جو اس کے فارمولوں پر مشتمل تھی۔ سائینس کے میدان میں اس کی خدمات یاد آتی رہیں گی۔

بابا صاحب ڈاکٹر اُمبیدکر

دُنیا کے عظیم سماجی سدھارک، انسانی حقوق کے علمبردار، آئین ہند کے معمار اور آزاد بھارت کے پہلے وزیر قانون بابا صاحب اُمبیدکر کا جنم ۱۴ اپریل ۱۸۹۱ء کو سنٹرل انڈیا مہو کے مقام میں ایک مہار جاتی کے خاندان میں ہوا تھا یہ علاقہ مدھیہ پردیش میں اندور کے نزدیک ہے۔

بابا صاحب کے والد کا نام اُمبیدوے رام تھا جو سکیال انڈین آرمی میں صوبیدار میجر تھے۔ ڈاکٹر اُمبیدکر کو بچپن یہ دیکھنے کو ملا کر لوگ ان کی جاتی کو نفرت اور حقارت کی نگاہ سے دیکھتے ہیں۔ اور انھیں اچھوت کہہ کر ان کی بے عزتی کرتے ہیں۔

انھوں نے فیصلہ کر لیا وہ اپنی جاتی میں اپنے حقوق حاصل کرنے کے لیے بیداری اور تڑپ پیدا کریں گے۔ انھوں نے سماج کے کمزور اور پسماندہ طبقات میں سماجی سدھار اور سیاسی بیداری لائی اور بھارت کے کروڑوں بے بس انسانوں کو بولنا، چیخنا، سوچنا اور سمجھنا سکھایا۔

بابا صاحب نے لوگوں کو بتایا کہ سماج میں زندگی کا حسن موجود ہے اور سماج میں بنائے گئے شودروں کا بھی اس حسن پر حق ہے۔

ڈاکٹر اُمبیدکر نے ۱۹۱۲ء میں بی اے کی ڈگری حاصل کی۔ بی اے میں ان کے انگریزی اور فارسی مضمون تھے۔ ۱۹۱۵ء میں انھوں نے کولمبیا یونیورسٹی سے ایم۔ اے اور ۱۹۱۶ء میں پی۔ ایچ ڈی اور اسی طرح وہ امریکہ میں اپنی پڑھائی مقررہ میعاد سے پہلے ہی پوری کر کے آگے پڑھنے کے لیے لندن

چلے گئے۔ لنڈن میں انھوں نے "لنڈن اسکول آف اکنومکس اینڈ پولٹیکل سائنس" میں داخلہ لیا۔ ۱۹۲۳ء میں انھوں نے بیک وقت دو کالجوں سے اکنامکس میں پی۔ ایچ۔ ڈی اور قانون میں بیرسٹری کی ڈگری حاصل کر لی۔ وہ اٹھارہ اٹھارہ گھنٹے اپنی پڑھائی میں مصروف رہتے تھے۔

اپریل ۱۹۲۳ء میں وطن واپس آکر انھوں نے بمبئی ہائی کورٹ میں وکالت شروع کر دی۔ اس طرح ان کو غریب اور پسماندہ لوگوں کی خدمت کرنے کا موقع ملا۔

۱۹۲۴ء میں ڈاکٹر صاحب نے ڈی پریسڈ کلاسز کے مسائل اور مصائب پر غور کرنے کے لیے" دامودر ہال" بمبئی میں ایک کانفرنس کا اہتمام کیا۔ وہ اکثر کہا کرتے تھے کہ "میری تمام بھارتیوں سے اپیل ہے کہ جس ذات پات سے سماج جیون میں لگاڑ آیا ہے۔ نفرت اور آپسی بھید بھاؤ کا جنم ہوا ہے اسے تیاگ کر ایک راشٹر بنائیں کیوں کہ جب سماج میں عدم تعاون کا جذبہ بڑھتا ہے تو دہشت گردی جنم لیتی ہے ———"

۱۹۲۴ء میں انھوں نے ایک ہفتہ روزہ اخبار" موک نائیک" یعنی گونگوں کا رہنما نکالنا شروع کیا۔ جس کو انگریزی حکومت نے بند کروادیا۔

انھوں نے "بہشکرت بھارت" نام کا ایک اخبار ۳ را پریل ۱۹۲۷ء کو نکالنا شروع کیا۔ جس کے ذریعہ سیاسی بیداری کا نام زور و شور سے شروع کیا گیا۔

۱۲ رنومبر ۱۹۳۰ء کو گول میز کانفرنس (لنڈن) میں انھوں نے ہندوستان کے ذلت اور پسماندہ لوگوں کے ساتھ مظالم کی حقیقی تصویر پوری دنیا کے سامنے پیش کی۔ انھوں نے بھارت کے دلتوں اور پسماندہ لوگوں کی حالت اس طرح پیش کیا کہ سب واقعات دُنیا کو فلم کی طرح دکھائی دینے لگے۔ جنوری ۱۹۳۱ء میں کانفرنس

ختم ہوئی۔ جس میں یہ فیصلہ لیا گیا کہ اسی سال کے اختتام پر دوسری کانفرنس بھی بلائی جائے۔ اگست ۱۹۳۱ء کو دوسری گول میز کانفرنس میں بھی ڈاکٹر امبید کرنے شمولیت کی۔ یہ کانفرنس یکم دسمبر ۱۹۳۱ء میں ختم ہوئی۔

اس گول میز کانفرنس کے نتیجے کے طور پر ۱۹۳۱ء کو یہی "رفتر نے فیکلڈ نل کمیونل ایوارڈ" شائع ہوا۔ جس کے تحت دلت اور پسماندہ لوگوں کے لیے علاحدہ تشخیص یعنی آزاد ملک جو کہ ان لوگوں کے نام سے منسوب ہوگا، کا طریقہ کار منظور کرلیا گیا تھا۔ یہ ڈاکٹر امبیدکر کی بہت بڑی کامیابی تھی۔

مہاتما گاندھی نے اس فیصلہ کی سخت مخالفت کی اور اس کو منسوخ کرانے کے لیے مرن برت شروع کردیا۔ آخر مہاتما گاندھی اور ڈاکٹر امبیدکر کے درمیان ایک پیکٹ ہوا جو "پونہ پیکٹ" کے نام سے جانا جاتا ہے۔ اس پر گاندھی جی اور ڈاکٹر امبیدکر نے دستخط کیے۔ ان میں شرائط تھیں کہ دلت اور پسماندہ لوگوں کے لیے ریزرو انتخابی حلقے ہوں گے۔ پرموشن اور ریکروٹمنٹ میں ریزرویشن ہوگی۔ ان کی سماجی حیثیت برابر کی ہوگی اور مذہبی مقامات پر ان کے داخلے پر پابندی نہیں ہوگی۔ وغیرہ ــــــ ..

۱۹۴۳ء میں وائسرائے لارڈ وینگڈن ہندوستان سے چلے گئے اور ان کی جگہ لارڈ ڈیول وائسرائے بن کر آئے۔ تو انھوں نے ڈاکٹر امبیدکر کو اپنی کابینہ میں لیبر منسٹر کی حیثیت سے شامل کرلیا۔ اس عہدے پر وہ ۱۹۴۶ء تک فائز رہے۔

۱۹۴۶ء میں جب ہندوستان میں رنٹرم گورنمنٹ بنائی گئی تو اس میں پھر ڈاکٹر بی۔ آر۔ امبیدکر کو قانون کا وزیر مقرر کیا گیا۔ اس میں پنڈت نہرو پہلی بار وزیر اعظم بنائے گئے۔

۱۹۴۶ء میں ڈاکٹر صاحب نے آزادیٔ ہند کے تحت شیڈولڈ کاسٹ اور پسماندہ طبقات کے لوگوں کے حقوق کا تحفظ حاصل کرنے کے لیے انگلینڈ کا سفر کیا۔

۱۹۴۶ء میں بابا صاحب ڈاکٹر امبیدکر آئین ساز اسمبلی کے سودہ ساز کمیٹی کے ممبر چن لیے گئے اور انھوں نے ایک قرار داد پاس کرواکر بھارت کے آئین میں چھوا چھوت کو قانوناً جرم قرار دے دیا اور دوسرے ماہ میں اپنی پہلی تقریر میں انھوں نے "متحدہ ہندوستان" کا نعرہ لگایا۔

ڈاکٹر صاحب کتنے عظیم تھے یہ اس بات سے ثابت ہوتا ہے کہ اگست ۱۹۴۷ء میں انھیں آئین ساز اسمبلی میں انھوں نے آئین ہند کی نکتہ چینی کرنے والے کو منہ توڑ جوابات دیئے۔

انھوں نے ایک بار کہا تھا کہ "ذات پات کی بنیاد پر آپ کوئی عمارت تعمیر نہیں کر سکتے۔ آپ ایک قوم کبھی نہیں بن سکتے۔ آپ اخلاق پیدا کرسکتے اور اگر اس ذات پات کے ساتھ کس طرح کی تعمیر کی گئی۔ تو وہ فوراً زمین بوس ہو جائے اور ایک مضبوط اکائی کبھی نہیں رہے گی۔

۱۵ راگست ۱۹۴۷ء کو ملک آزاد ہوا تو بابا صاحب پنڈت نہرو کی کابینہ میں تیسری بار وزیر اور دوسری بار وزیر قانون بنے۔ ۴ رنومبر ۱۹۴۸ء کو آئین ہند کا خاکہ پیش کرتے ہوئے انھوں نے کہا تھا۔ کہ "ذات پات سے سماجک جیون میں بگاڑ آیا ہے۔ نفرت اور آپس بھید بھاؤ کا جنم ہوا ہے اُسے تیاگ کر ایک راشٹر بنائیں۔"

۲۶ رجنوری ۱۹۵۰ء کو پارلیمنٹ میں ہندوستان کا آئین پیش کرتے ہوئے بابا صاحب نے اپنی مدلل تقریر میں اِس مقدس آئین کی غرض وغایت

بیان کرتے ہوئے بڑے واضح الفاظ میں کہا تھا کہ ” جمہوریت ہمارا پیدائشی حق ہے۔ جس کو حاصل کرنے کے لیے ہم نے دو سو سال تک غیر ملکی حکمرانوں کے خلاف جنگِ آزادی لڑی اور ہزاروں قربانیاں دے کر انھیں یہ حق دلانے میں کامیاب ہوئے ہیں لیکن ابھی تک اس ملک کے سنجیدہ عوام اس آزادی سے کوسوں دور ہیں جِس کا خاکہ بھارت کے اِس مقدس آئین میں کھینچا گیا ہے اور وہ ہے سماجی اور اقتصادی برابری کا کیوں کہ کوئی بھی قوم اپنی سیاسی آزادی کو اس وقت تک برقرار نہیں رکھ سکتی جب تک کہ وہ سماجی اور اقتصادی آزادی حاصل کرنے میں کامیاب نہ ہو لیعنی اقتصادی اور سماجی آزادی کے بغیر سیاسی آزادی کا تصور ادھورا اور بے معنی ہے۔ اس لیئے ضروری ہے کہ ہمیں اپنی سیاسی آزادی کو مکمل استقامت بخشنے کے لیے بھارتی عوام کو سماجی اور اقتصادی برابری دینے میں کوئی بھی دقیقہ فرد گذاشت نہیں کرنا چاہیئے۔ اگر ہم ہندوستانی قوم کو سماجی اور اقتصادی برابر دینے میں نااہل رہے تو آنے والی نسل کا اعتماد جمہوریت پر سے اُٹھ جائے گا۔ اور وہ اس جمہوریت کو ہی راکھ کر دیں گے۔ اِس لیے بھی کہ جب سماج میں عدم تعاون کا جذبہ بڑھتا ہے تو دہشت گردی جنم لیتی ہے۔۔۔۔“

۱۱ر اکتوبر ۱۹۵۱ء کو ڈاکٹر امبیدکر نے بھارت کے وزیر قانون کی حیثیت سے استعفیٰ دے دیا۔

۱۹۵۲ء میں ڈاکٹر امبیدکر کو کونسل آف اسٹیٹ کا ممبر منتخب کیا گیا۔

۱۹۵۲ء کو ہی کولمبیا یونی ورسٹی نے اپنی ایک خاص کانووکیشن تقریب میں انھیں ایل۔ ایل۔ ڈی کی ڈگری عطا کی گئی۔ ڈگری میں کہا گیا کہ یہ ڈگری بابا صاحب کے ان کارناموں کو ذہن میں رکھ کر دی جا رہی ہے جو انھوں نے آئینِ ہند کی تکمیل کے سلسلے میں انجام دیئے ہیں۔ اس یونی ورسٹی نے ڈاکٹر صاحب کو

دُنیا کا ایک عظیم سماجی سدھارک اور انسانی حقوق کا ایک عظیم علمبردار قرار دیا۔

۱۹۵۴ء میں ڈاکٹر امبیدکر نے بدھ مت پر ایک کتاب مرتب کی جس کا نام "بدھ اپاسنا پیتھ" تھا۔

۱۵ر اگست ۱۹۵۶ء میں انھوں نے بھارتیہ بدھ مہا سبھا کی بنیاد رکھی اور پھر ۱۴ر اکتوبر ۱۹۵۶ء میں ناگ پور میں ایک تاریخی جلسے میں انھوں نے بدھ مت اختیار کر لیا۔ ان کے ہمراہ ایک دن میں ہی سماج کے کمزور اور پسماندہ طبقات کے پانچ لاکھ افراد نے بھی ہندو مذہب کو چھوڑ دیا اور بدھ مت اختیار کر لیا تھا۔ اس کے بعد کھٹمنڈ وارڈ بدھسٹ کانفرنس میں انھیں "بدھسٹ" کے لقب سے نوازا گیا۔

۶ر دسمبر ۱۹۵۶ء کو بابا صاحب ڈاکٹر امبیدکر اس جہان فانی سے اپنے کارناموں کے نقوش چھوڑ کر اور کروڑوں عقیدت مندوں کو روتا بلکتا چھوڑ کر دوسری دُنیا کو چل بسے۔

بابا صاحب کی وفات دِلّی میں ہوئی تھی لیکن ان کا خاکی جسم بمبئی لیجایا گیا۔ ان کا جلوس جنازہ دس میل لمبا تھا اور بدھ رواج کے مطابق ان کا داہ سنسکار کیا گیا۔

ہندوستان کے پہلے وزیر اعظم پنڈت نہرو نے کہا تھا کہ "ڈاکٹر بی۔ آر۔ امبیدکر ہندو سماج کے خلاف بغاوت کرنے والے کی حیثیت سے رہتی دُنیا تک یاد کئے جائیں گے۔ انھوں نے ہندوستان کا قانون بنانے اور ہندو قوانین میں

اصلاح کرنے میں تعمیری اور اہم رول ادا کیا اور ایک ایسی چیز کے خلاف بغاوت کی جس کے خلاف ہر شخص کو بغاوت کرنی چاہیئے ۔ ۔ ۔ ۔"

بھارت کی جنتا دل سرکار نے ڈاکٹر بی ۔ آر ۔ اُمبیدکر کے ۹۹ ویں یوم ولادت پر نہ صرف ملک بھر میں چھُٹی کا اعلان کیا بلکہ ان کی وفات کے بعد انھیں "بھارت رتن" کے اعزاز سے بھی نوازا ۔

بھارت رتن ڈاکٹر بی ۔ آر ۔ امبیدکر نے جو کام سرانجام دیئے ہیں ۔ وہ ناقابلِ فراموش ہیں ۔ جب تک سورج چاند رہے گا ان کا نام اکثر زبانوں پر رہے گا وہ لوگوں کو اکثر یاد آتے رہیں گے ۔ کاش ہندوستان میں ایسے سپوت پیدا ہوں جو ملک کے لوگوں کی تکلیفوں و مشکلات کا حل نکال سکیں ۔

خواجہ غلام السیّدین

ڈاکٹر عبدالحق کا قول ہے "بہت سے ایسے ہیں جو ایک چک پر دستخط کر دینے سے دُنیا میں لکا یک نامور ہو جاتے ہیں، بہت سے ہیں جنھیں اتفاقات زمانہ نے بڑا آدمی بنا دیا ہے، بہت سے ہیں جو محض نام و نمود کے لیے زمین آسمان ایک کر دیتے ہیں اور شہرت یا نام حاصل کرنے کے لیے سب کچھ کر گزرتے ہیں اور آخر بڑے آدمی بن جاتے ہیں لیکن کم ہیں جو محض اپنی لیاقت، محنت اور خلوص کے ساتھ کام کر کے عزت اور بڑائی حاصل کرتے ہیں۔ یہ بڑائی پائدار ہوتی ہے۔

یہ بات اُس بچے پر پوری طرح سے لاگو ہوتی ہے جو ۱۶ اکتوبر سنہ ۱۹۰۴ء پیر کی صبح پانی پت کے محلہ سادات میں پیدا ہوا اور غلام السیّدین کے نام سے ادبی دُنیا میں جانا جاتا ہے ان کے والد کا نام خواجہ غلام الثقلین تھا۔ غلام السیّدین کے والد کا انتقال ۳ ستمبر ۱۹۱۵ء کو ہوا، اُس وقت سیّدین کی عمر گیارہ سال کی تھی۔

سیّدین کو نو برس کی عمر تک اردو کے مشہور شاعر مصلح اور سرسیّد کے رفیق کار خواجہ الطاف حسین حالیؔ کی صحبت و ہدایت حاصل رہی اور گیارہ برس کی عمر تک اپنے والد خواجہ غلام الثقلین کی شفقت و تربیت نصیب ہوئی۔ ۔ ۔ ۔

۱۹۱۴ء میں جن دنوں سیدین کے والد غلام الثقلین میرٹھ میں دکالت کرتے تھے، سیدین ساتویں جماعت میں پانی پت میں تعلیم حاصل کر رہے تھے، وہ گرمیوں کی تعطیل گزارنے آپ والد کے پاس میرٹھ آئے۔ ان کے والد کا ایک کافی بڑا کتب خانہ تھا جس میں مشرقی و مغربی ادب، فلسفہ، تاریخ قانون، سائینس، مذہب، علم الکلام، تراجم، نفسیات اور اقتصادیات وغیرہ سے متعلق مختلف اور بہت سی کتابیں جمع تھیں انھوں نے سیدین سے اپنے کتب خانے کی فہرست تیار کرنے کو کہا۔ اُس نے اس موقع سے پورا فائدہ اُٹھایا اور فہرست کی تیاری کے ساتھ ساتھ بہت سی اور اچھی کتابوں کا خوب مطالعہ کیا اس طرح کم عمری میں ہی سیدین کی معلومات میں اضافہ بھی ہوا اور بہت سے مصنفین کے ناموں اور کارناموں سے واقفیت بھی ہوگئی

ساتویں کلاس پاس کرنے کے ایک سال کے وقفے کے بعد سیدین کو اپریل ۱۹۱۶ء میں حالی مسلم ہائی اسکول میں آٹھویں جماعت میں داخل کرادیا گیا۔ نویں جماعت میں سیدین نے سائنس کا مضمون بھی لیا۔ سیدین کے والد ایک اچھے مقرر تھے۔ ایک تقریر کے مقابلہ میں سیدین بھی اپنے والد سے کم نہ تھے۔ انٹرنس کے بعد سیدین نے علی گڑھ کالج میں داخلہ لیا۔ علی گڑھ میں ایف۔ اے کے طلبہ کے لیے جونیئر ڈبیٹنگ سوسائٹی قائم تھی۔ جس کے وہ سیکرٹری تھے۔ ۱۹۲۰-۲۱ء میں جب سیدین ایف اے کے دوسرے سال میں تھے تو اچھے مقرر ہونے پر ان کو سوسائٹی کا خاص انعام " جونیئر اسپیکنگ پرائز" دیا گیا۔ ایف۔ اے کے امتحان میں انھوں نے فسٹ ڈویژن اور فسٹ پوزیشن حاصل کی۔

۱۹۲۳ء میں سیدین نے علی گڑھ یونی ورسٹی سے بی اے پاس کرنے کے بعد انھوں نے ایم اے تاریخ اور ایل ایل بی کورس میں داخلہ لیلیا ایم اے کی کلاسیں دن میں ہوتی تھیں اور قانون کی کلاسیں شام کو۔ اپنے خاندان میں سیدین پہلے فرد تھے جن کو انگلستان جانے کا موقع ملا۔ میرٹھ میں ان کی زمین تھی سیدین کے انگلستان جانے کے اخراجات کے لیے ان کی والدہ نے وہ زمین اٹھارہ سو روپے میں فروخت کر دی اور اس رقم سے اخراجات پورے کیے وظیفہ ملنے کے بعد۔ چوں کہ سیدین کو فوری طور پر انگلستان کے لیے روانہ ہونا تھا اِس لیے علی گڑھ مسلم یونی ورسٹی کی ایم اے تاریخ اور ایل ایل بی کی تعلیم کو درمیان میں ہی چھوڑنا پڑا۔ لنڈن میں سیدین کا داخلہ یونی ورسٹی کے "ڈپلوما ان ایجوکیشن کورس" میں ہوا۔ تھوڑے ہی عرصہ کے بعد ان کا شمار لیڈز یونی ورسٹی کے اچھے طالب علموں میں ہونے لگا۔ انھوں نے لیڈز یونی ورسٹی کے جرنل GRYPHON میں مضامین لکھنے کا سلسلہ بھی جاری رکھا۔

۱۹۲۴ء میں سال کے آخر میں ڈپلوما کا امتحان ہوا تو سیدین عملی اور نظری دونوں امتحانوں میں اوّل پاس ہوئے۔ ایجوکیشن کے ڈپلوما میں کامیابی کے بعد سیدین نے دوسرے سال اسی یونی ورسٹی میں ایم ایڈ کورس میں داخلہ لے لیا۔ تین سالہ کورس میں پہلے سال کِسی عنوان پر ایک تحقیقی مضمون لکھ کر دینا ہوتا تھا۔ سیدین نے "یورپ اور امریکہ میں جدید تعلیمی رجحانات کا عنوان تحقیق کے لیے منتخب کیا۔ ۱۹۲۵ء میں سیدین نے ایم ایڈ کا امتحان بھی امتیاز کے ساتھ پاس کر لیا۔ انگلستان سے ایم ایڈ کر کے وطن

واپسی کے بعد وہ علی گڑھ یونی ورسٹی میں ملازم ہوئے۔

سیدین ۱۹۲۶ء سے ۱۹۳۰ء تک ریڈر گریڈ میں ٹریننگ کالج کے پرنسپل رہے یونی ورسٹی کے معاملات کے لیے رحمت اللہ کمیشن بٹھایا گیا تو اس نے ٹریننگ کالج کے لیے بھی پروفیسر تعلیم مقرر کیے جانے کی سفارش کی ۱۹۳۱ء کے شروع میں سیدین پروفیسر تعلیم مقرر ہوئے اور کالج کے پرنسپل بھی رہے۔

۱۹۳۷ء میں گاندھی جی نے تعلیمی مہم کا آغاز کیا اور بنیادی تعلیم کا تصور پیش کیا۔ ڈاکٹر ذاکر حسین کو کمیٹی کا صدر منتخب کیا گیا۔

ڈاکٹر ذاکر حسین نے دوسرے ممبروں کے علاوہ سیدین کو بھی قومی تعلیمی کمیٹی کا ممبر نامزد کیا۔

۱۹۳۸ء میں سیدین نے سری نگر میں ڈائریکٹر تعلیمات ریاست جموں و کشمیر کے عہدے کا چارج سنبھال لیا۔ کشمیر میں تعلیمی حالات کو بہتر بنانے میں سیدین کو مشکلات تو پیش آئیں۔ سیدین کی کوششوں سے سری نگر میں ایک ٹریننگ کالج کا قیام عمل میں آیا اس کالج کے تربیت یافتہ استادوں کے ذریعہ سیدین نے ریاست میں بنیادی تعلیم کے اسکول قائم کیے جہاں کتابی علم کے ساتھ نصاب میں مختلف دستکاریوں اور ہاتھ کے کام کو شامل کیا گیا اور اس پر عمل درآمد کا انتظام بھی کیا گیا۔

سیدین نے اسکولوں میں طالب علموں کو جسمانی سزا دینے پر پابندی لگائی، استادوں کی تنخواہوں میں اضافے کرائے۔ اس زمانے میں افسر اور ماتحتوں کے درمیان ایک وسیع خلیج تھی سیدین نے اس کے خلاف

اپنے محکمۂ تعلیم میں استادوں کے ساتھ عزت واحترام کے برتاؤ کو رواج دیا۔ ریاست کے اسکولوں کی تعلیمی حالت کو بہتر بنانے کے علاوہ سیدین نے تعلیم بالغان کا سلسلہ بھی شروع کیا۔ ریاست میں ڈائریکٹر تعلیم کے عہدے کی پیش کش سیدین کو جموں وکشمیر کے وزیر اعظم سر گوپالا سوامی آئنگر نے کی تھی۔

کشمیر میں تعلیمی خدمات کی وجہ سے سیدین کو تعلیمی حلقوں میں کافی مقبولیت حاصل ہوگئی۔ چناں چہ کشمیر سے واپسی کے بعد نواب رامپور کے ایجوکیشنل ایڈوائزر مقرر ہوئے۔ ۱۹۵۰ء میں وزارت تعلیمات (ہند) میں جوائنٹ سکریٹری کے عہدے پر فائز ہوئے۔ ۱۹۵۴ء میں سیدین ایڈیشنل سکریٹری کے عہدے پر مقرر ہوئے۔ اسی سال ہندوستان کے تعلیمی مسائل پر تقریر کرنے کے لیے سیدین کو لندن یونی ورسٹی میں بلایا گیا۔ حکومت ہند کے نمائندے کی حیثیت سے ۱۹۵۵ء میں سوڈان بھی گئے۔ جہاں تعلیمی تنظیم نو کے بین الاقوامی کمیشن کی صدارت کی۔ ۱۹۵۷ء میں سیکریٹری وزارت تعلیمات مقرر ہوئے۔ ملازمت کے دوران ۱۹۵۸ء میں کولمبیا یونی ورسٹی نے سیدین کو وزٹنگ پروفیسر کی حیثیت سے مدعو کیا جہاں انھوں نے ساکسس میموریل لکچرز میں حصہ لیا۔

۱۹۶۱ء میں سرکاری ملازمت سے پنشن پر سبکدوش ہوگئے۔

مرکزی وزارت تعلیم سے علاحدہ ہونے کے بعد اسی سال حکومت جموں وکشمیر نے سیدین کو دوبارہ مشیر تعلیم کی حیثیت سے بلالیا۔ ان دنوں بخشی غلام محمد کشمیر کے وزیر اعلا تھے۔ تقریباً ایک سال کام کرنے کے بعد ۱۹۶۲ء کے

شروع میں ریاست سے مستعفی ہو گئے۔ اسی سال علی گڑھ مسلم یونی ورسٹی نے کنووکیشن ایڈریس کے لیے سیدین کو بلایا۔ اس موقع پر انھیں ڈی لٹ کی اعزازی ڈگری سے بھی نوازا گیا۔

۱۹۶۲ء میں ہی امریکہ کی وسکانسن یونی ورسٹی نے سیدین کو وزٹنگ پروفیسر کی حیثیت سے مدعو کیا یہاں وہ ایک سال رہے ابھی یہ امریکہ میں ہی تھے کہ ۱۹۶۳ء میں ہوائی یونی ورسٹی نے ایسٹ ویسٹ سنٹر میں فیلو کی حیثیت سے سیدین کو اپنے یہاں بلا لیا۔

۱۶/اکتوبر ۱۹۶۴ء کو سیدین کی ساٹھویں سالگرہ کے موقع پر انکے دوستوں، شاگردوں اور عقیدت مندوں کی طرف سے اردو میں "ارمغان الفت" کے نام سے اور انگریزی میں COMMAMORATION VOLUME پیش کیا گیا۔

جنوری ۱۹۶۶ء میں یوم جمہوریت کے موقع پر سیدین کو ان کی تعلیمی خدمات کے صلے میں صدر جمہوریہ ہند نے "پدم بھوشن" کا اعزاز عطا کیا۔

۱۹۶۶ء میں ہی انھیں حکومت نے ایشین انسٹی ٹیوٹ آف ایجوکیشنل پلاننگ ایڈمنسٹریشن کا ڈائریکٹر مقرر کر دیا۔ یہاں سیدین نے ۱۹۶۹ء تک خدمات انجام دیں۔

۱۹۷۰ء میں جاپان کی شکاگو یونی ورسٹی نے اپنی جوبلی منائی اس موقع پر یونی ورسٹی نے دنیا بھر سے آٹھ ماہرین تعلیم کا انتخاب کر کے انھیں امتیازی خدمات کے صلے میں طلائی تمغے پیش کیے، ان آٹھ منتخب ماہرین تعلیم میں خواجہ غلام السیدین بھی شامل تھے اور انھیں طلائی تمغہ عطا کیا گیا۔

جون ۱۹۷۰ء میں سیدین شکاگو سے واپس آئے۔ اکتوبر ۱۹۷۰ء میں

"ورلڈ کانفرنس آف ریلجین فار پیس" میں شرکت کے لیے سیدین کو پھر جاپان آنے کی دعوت دی گئی لیکن بیماری کی وجہ سے وہ جا نہ سکے۔

۱۹ر دسمبر ۱۹۷۱ء کو ۶۷ سال کی عمر میں خواجہ غلام السیدین اپنے خالقِ حقیقی سے جا ملے۔

سیدین کی والدہ حالی کی پوتی تھیں لہٰذا مولانا حالی کی سیرت کے تمام جوہر دردمندی، دِل نوازی، دلداری، معاملہ فہمی، ذہانت، دُور اندیشی، انسان دوستی اور انسانیت سے محبت، پوتی ہونے کی حیثیت سے انھیں وراثت میں ملے تھے۔ سیدین کی شخصیت کو سنوارنے اور مکمل کرنے میں سب سے بڑا ہاتھ ان کی والدہ کا تھا اور ان کی سب سے پہلی معلم وہی تھیں اپنی والدہ کے اثرات کے بارے میں سیدین نے لکھا ہے۔

"میں نہیں کہہ سکتا کہ کون سے اثرات ہوں گے ان کے بچپن میں جنھوں نے ان کے سیرت کے سونے کو جِلا دے کر کندن بنایا لیکن اتنا جانتا ہوں کہ ہوش سنبھالنے کے بعد انسانی زندگی کا پہلا تصور جو میرے ذہن میں تیار ہوا، انھیں کے طفیل تھا اور انھیں کا پرتو۔ اس کے بعد زندگی کے ڈرامے نے بہت سے ناپاک اور نامبارک کردار بھی پیش کئے۔ (اگرچہ خوبیٔ تقدیر سے ان کے ساتھ بہت قریب یا بہت طویل سابقہ نہیں پڑا) لیکن وہ اس نقشِ اوّل پر غالب نہ آ سکے ــــــ"

سیدین کی انکساری کا یہ عالم تھا کہ انھوں نے کبھی اپنے آپ کو نمایاں کرکے پیش نہیں کیا اور نہ ہی خود کو زیادہ اہمیت دیتے تھے وہ خاصے بے نیاز شخص تھے۔ انھوں نے نہ تو کبھی شہرت کی تمنا کی اور نہ کبھی بلند حیثیت حاصل کرنے کے

آرزومند رہے۔ ڈاکٹر ذاکر حسین اس کا اعتراف کرتے تھے کہ اس اسکیم (گاندھی جی نے بیک ایجوکیشن کو ملک میں رائج کرنے کے لیے ذاکر حسین کمیٹی بنائی تھی) کے پیچھے سارا ہاتھ سیدین کا ہے اور سیدین اس کا سہرا ڈاکٹر ذاکر حسین کے سر باندھتے تھے۔ اس سے ذاکر صاحب کی بڑائی اور سیدین کے کردار کا اندازہ ہوتا ہے۔ سیدین کی انکساری کا واقعہ آل احمد سرور یوں بیان کرتے ہیں

"آل انڈیا مسلم ایجوکیشنل کانفرنس نے غالباً ۱۹۴۰ء میں ایک کمیٹی مسلمانوں کے تعلیمی مسائل پر غور کرنے کے لیے کمال یار جنگ کمیٹی کے نام سے مقرر کی تھی۔ یہ کمیٹی اپنا کام پورا نہ کرسکی تھی۔ آل انڈیا مسلم ایجوکیشنل کانفرنس کے علی گڑھ کے اجلاس میں فیصلہ یہ ہوا کہ اس کمیٹی کے کام کو مکمل کرنے کیلیے ایک اور کمیٹی بنائی جائے۔ اجلاس میں ڈاکٹر ضیاء الدین، بہادر یار جنگ اور سیدین بھی موجود تھے۔ میں نے تجویز پیش کی کہ کمیٹی میں ذاکر صاحب اور سیدین صاحب دونوں کو شامل کیا جائے۔ بہادر یار جنگ ڈاکٹر ظفر الحسن، سید سلیمان ندوی اور اعظم یار جنگ کو ضرور شامل کرنا چاہتے تھے۔ ڈاکٹر ضیاء الدین سیدین صاحب کی شمولیت پر راضی تھے مگر ذاکر صاحب کی شمولیت پر انھیں اعتراض تھا۔ بہادر یار جنگ کی کوشش سے یہ طے ہوا کہ ذاکر صاحب اور سیدین صاحب میں سے ایک کو لیا جائے۔ میں نے سیدین صاحب سے پوچھا کہ اب کیا ہو انھوں نے بے ساختہ کہا کہ "دس سیدین بھی ایک ذاکر حسین کی برابری نہیں کرسکتے چناں چہ ذاکر صاحب کا نام کمیٹی کے لیے متفقہ طور پر منظور ہوگیا۔

سیدین نے اپنے فلسفہ تعلیم کی بنیاد زندگی کی ان اعلا اقدار کو بنایا جو ایک اچھے

انسان کی تشکیل کرتی ہیں۔ اِن اقدار کو انھوں نے خود بھی اپنایا۔ ان کی شخصیت میں ایک اچھے انسان، ایک اچھے معلم اور ایک اچھے دوست کی بہت سی خصوصیات نظر آتی ہیں۔ ان کا طرزِ عمل متوازن انسانوں کا رہا ہے۔ زندگی کے لیے انھوں نے کچھ معیار قائم کیے تھے اور ان پر خود بھی کاربند رہنے کی کوشش کرتے رہے وہ انسانی زندگی کی مثالی تصویر رکھتے تھے۔

"بین الاقوامی ضوابط کا احترام" کے عنوان کے تحت سیدین نے صاف طور پر سیاسی، سماجی اور اخلاقی نقطۂ نظر سے ہندوستان کی تمام کاروائی کو حق بجانب قرار دیا ہے اور پاکستان کو ہر طرح موردِ الزام ٹھہرایا ہے۔ اس سے ان کی حب الوطنی کا اظہار تو ہوتا ہے۔

عورتوں کا سیدین خاص طور پر احترام کرتے تھے اور ان سے محبت کے ساتھ پیش آتے تھے۔ ان کی ہندوستان میں اور بیرون ملک بلاامتیاز مذہب ان کی بہت سی بہنیں تھیں جن سے وہ محبت اپنائیت اور خلوص کا برتاؤ کرتے تھے۔ ہنسی مذاق میں بھی وہ کوئی ایسی بات نہیں کہتے تھے۔ جس سے عورت کی تحقیر یا کمتری کا اظہار ہو۔ سیدین کے یہاں عورت کے مقدس مقام اور احترام کا جذبہ حالی کی دین ہے۔

سیدین کی زندگی کے تمام اس حقیقت کو واضح کرتے ہیں کہ ان کی شخصیت میں ایک اچھے انسان کی تمام خصوصیات موجود تھیں۔ وہ سب انسانوں سے محبت کرتے تھے انھیں اپنے عزیزوں اور رشتہ داروں سے محبت تھی اپنے دوستوں کے ساتھ خلوص تھا۔ اپنے بزرگوں سے وابستگی تھی۔ ان کے مزاج میں غضب کی سادگی اور جفاکشی تھی جو کچھ بھی انھیں

میسر تھا اس پر قناعت کرنا ان کی فطرت میں داخل تھا وہ دِل کے غنی تھے اور تھوڑے سے زیادہ فائدہ اُٹھانا ان کی عادت تھی۔

ہندوستانی تھے اور ہر ہندوستانی کا یہ فرض ہو جاتا ہے کہ وہ دشواریوں کے وقت اپنے ملک کے ہاتھ مضبوط کرے۔ سیدین کی حب الوطنی کا یہ ثبوت ہے کہ ڈاکٹروں کی ممانعت کے باوجود انھوں نے وطن کی جانب سے عاید فرائض کی ادائیگی میں کوتاہی نہیں کی بنگلہ دیش کے سلسلے میں ایک تقریر تو انھوں نے انتقال سے تین یا چار دن پہلے آل انڈیا ریڈیو میں ریکارڈ کرائی تھی جو انتقال سے چند گھنٹے پہلے یا بعد میں نشر ہوئی۔

سیدین کو اپنے وطن کی خاک کے ذرے ذرے سے پیار تھا ہم وطن باشندوں سے محبت تھی اور یہاں کے تمام مذاہب کا احترام کرتے تھے کیوں کہ یہ سب مذہب وطن کی سرزمین پر پھل پھول رہے ہیں۔ انھوں نے گرونانک کو بھی خراجِ عقیدت پیش کیا، گوتم بدھ کو بھی۔ اسلام خود ان کا مذہب تھا جس پر وہ عقیدہ رکھتے تھے۔ انھوں نے گاندھی کو بھی خراج تحسین پیش کیا ہے اور مولانا ابوالکلام آزاد کو بھی انھوں نے کبھی ذات پات کی تفریق کو پسند نہیں کیا ان کے حلقۂ تعارف میں ہر قسم کے لوگ شامل تھے یہی ان کی سچی حب الوطنی ہے وہ جہاں کہیں غیر ممالک میں گئے، اپنے وطن ہندوستان کا نام اُونچا کیا۔

گرونانک کی اخلاقی عظمت اور روحانی کشش کا راز سیدین کی نظر میں یہ ہے۔ کہ" ان کی تعلیم محبت اور رفاقت کی تعلیم ہے انھوں نے سب انسانوں کو ان کی مشترک انسانیت کی یاد دلائی اور ذات پات، رنگ روپ

امیری عزیز بی کے بھید بھاؤ کو تسلیم کرنے سے انکار کر دیا۔ انھوں نے سب کو یہ قدیم لیکن انقلاب آفریں پیغام سنایا کہ زندگی کا قانون ایک دوسرے سے محبت کرنا ہے۔ یہی محبت کا جذبہ ہے جو عقیدت اور یگانگی کی روح بیدار کرتا ہے اور اس کے ذریعہ انسان کی رسائی خدا تک ہوتی ہے۔"

سیدین کا تصور مذہب یہ تھا کہ "مذہب کا اصلی کام زندگی کو سدھارنا اور اس کو شرافت اور محبت کے اصول اور طریقوں سے آشنا کرنا ہے وہ اس فرض کو اسی صورت میں ادا کر سکتا ہے جب وہ دلوں کو ملائے اور ان اثرات کو زائل کرے جو انسان کو ایک دوسرے سے جدا کرتے ہیں۔ اور نفرت، تعصب اور تنگ دلی کے زہریلے بیج بوتے ہیں۔

سیدین مذہب اسلام کے پیرو کار رہتے ہوئے متعصب اور تنگ نظر نہیں تھے بل کہ تمام انسانوں کے ساتھ خواہ ان کا تعلق کسی بھی مذہب یا عقیدے سے ہو وہ شرافت اور محبت کا برتاؤ کرتے تھے۔ ان کے دوستوں اور واقف کاروں میں ہندو، مسلمان، سکھ، پارسی، عیسائی سبھی تھے۔ بل کہ بعض دہریوں اور کمیونسٹوں سے بھی ان کے دوستانہ مراسم تھے وہ ایمان اور عقیدے کا تعلق دل سے قائم کرتے تھے۔ وہ مولانا روم کے شعر کا ذکر کرتے تھے جس کا مطلب تھا،، اے انسان تو دنیا میں میل محبت بڑھانے کے لیے آیا ہے پھوٹ ڈالنے نہیں آیا۔ یہی ان کے مذہب کی روح ہے جس پر سیدین عقیدہ رکھتے تھے ـــــــ

خواجہ غلام السیدین کا تعلق زندگی کے شعبۂ تعلیم سے تھا۔ سیدین کو قدیم وجدید کی امتزاجی روایات ورثے میں ملی تھیں۔ انھوں نے علی گڑھ یونی ورسٹی اور انگلستان سے تعلیمات میں ڈپلوما اور ایم ایڈ یہ وہ عوامل ہیں جن کے امتزاج نے سیدین کو بنیادی طور پر ایک معلم بنایا اور ان کی فکر و نظر میں وسعت، ہمہ گیری اور تنوع پیدا کیا۔ اپنی پینتالیس سالہ تعلیمی زندگی کے دوران سیدین نے تعلیم کے مضمون پر اردو اور انگریزی میں کئی کتابیں تصنیف کیں۔ جن میں مسئلہ تعلیم پر مبنی سماجی، سیاسی، تہذیبی اور فلسفیانہ ہر اعتبار سے اپنے افکار پیش کیے ہیں۔

سیدین کے نزدیک تعلیم کا مقصد بچے کی انفرادی جبلتوں کی تربیت اور آراستگی ہے وہ کہتے ہیں۔

" دراصل تعلیم کا موضوع خواہ تعلیم دماغی ہو یا جسمانی ہو، اخلاقی ہو یا معاشرتی، بچے کی ذات ہے جو ایک سالم اور واحد ہستی ہے، ور تمام اثرات جو اس پر ڈالے جاتے ہیں اس کی شخصیت کی تشکیل میں حصہ لیتے ہیں تعلیم بچے کی ان تخلیقی صلاحیتوں اور جبلی قوتوں کو ابھارتی اور راہ راست پر لگاتی ہے جو قدرت سے ودلیعت ہیں۔ فرد کی اصل سے اس کی اپنی ذاتی قوتیں اور صلاحیتیں ہیں جو ماں کی گود، گھر کے ماحول، معاشرے کے حالات اور قومی روایات میں پروان چڑھتی ہیں۔ جہاں بچے کو اپنے بزرگوں کی اقدار اور خاندانی روایات کا ورثہ ملتا ہے اس عمل میں اسکی اپنی ذاتی قوتیں اور صلاحیتیں جب اپنے گرد و پیش کے ماحول سے متصادم

ہوتی ہیں تو بچے پر اس کا دیر پا اثر پڑنے لگتا ہے اور اس کی اپنی شخصیت ابھر کر سامنے آجاتی ہے ــــــــ"

سیدین ایک ایسے بین الاقوامی معاشرے کا قیام چاہتے ہیں جس میں فکری یک جہتی اور تہذیبی ہم آہنگی کارفرما ہو۔ وہ ایک ایسی عالمی برادری کے خواہش مند ہیں جن میں مفاہمت یک جہتی اور امداد باہمی کا جذبہ پایا جاتا ہو اور انسانوں کے درمیان وصل اختلاط اور مقاصد میں اشتراک موجود ہو۔ سائنس نے کرہ ارض میں مکانی اتحاد پیدا کر کے اپنا فرض پورا کر دیا ہے اور بین الاقوامی معاشرے کے قیام کے لیے راہ استوار کر دی ہے۔ سائنس کی اس ترقی سے فائدہ اٹھا کر بنی نوع انسان میں وحدت پیدا کرنے کے لیے ماہرین کا کیا فرض ہے اس کی تشریح اپنی کتاب THE FAITH OF AN EDUCATIONIST میں سیدین اس طرح کرتے ہیں۔

"تمام دنیا ایک واحد ہے اور وہ شخص جو سچی تعلیم کا نمائندہ ہے اسے کچھ ایسے عالمی تصور کو وسعت دینی چاہیے جو جغرافیائی یا نسلی یا قومی یا دوسری طبقاتی وفاداریوں سے بندھا ہوا یا محدود نہ ہو۔ دنیا کا شہری بننے کے لیے میں چاہوں گا کہ آپ میں کچھ ایسا ذوق و شوق پیدا ہو، کچھ ایسا احساس جاگے اور کچھ ایسی تلاش و جستجو کی تڑپ پیدا ہو جو عالمی مصالحت کی فضا کو مضبوط کرے، تفرقوں اور تحفظات سے نجات دلائے، نظر کو وسعت دے اور افہام و تفہیم کی ایسی فضا پیدا کرے جو سچی انسانی تہذیب کا طرہ امتیاز ہے جو جدید عہد میں اعلا اور عمدہ کلچر

کے لیے اشد ضروری ہے —"

سیدین دراصل آدرش وادی تھے ان کے سامنے ایک مقصد تھا ایک آدرش تھا وہ یہ کہ انسان کو صالح زندگی کی تشکیل کے لیے آمادہ کرنا اور انسانیت نواز اعلا کردار والا اور مہذب انسان بنانا۔ اس مقصد کی بنیاد پر ان کے تعلیمی افکار کی تشکیل ہوتی ہے اور اس کو انھوں نے اپنی غیر تعلیمی تحریروں اور تصانیف کا مرکز بنایا ہے۔

بقول سیدین سائنس نے اگرچہ نئے مسائل پیدا کر دیے ہیں لیکن انسان اپنی قدروں کی گرفت سے سائنس کے ذریعہ اپنی شخصیت کی تکمیل کر سکتا ہے اور اس کے لیے ایک نئے سماج کی تعمیر کرنی ہوگی ۔ جس کا دائرہ پورے عالم انسانیت تک پھیلا ہوگا ——

سیدین کو زندگی سے پیار تھا۔ انسانوں سے پیار تھا۔ زندگی کی بہت سی چیزوں سے وہ لطف اٹھاتے تھے۔ مگر ان سب سے زیادہ مسرت انھیں لکھنے اور پڑھنے سے حاصل ہوتی تھی۔ صالحہ عابد حسین لکھتی ہیں ۔

" لکھتے وقت ان کے چہرے پر غور و فکر، انہماک سکون اور دلی مسرت کی ایک عجیب کیفیت ہوتی تھی۔ وہ لکھنے کے لیے کسی فضا کا اہتمام نہیں کرتے تھے۔ عموماً اپنے لکھنے کی میز پر بیٹھ کر لکھتے مگر حالت یہ ہوتی کہ نوکر صفائی کر رہا ہے۔ لڑکیاں آ جا رہی ہیں ۔ باتیں کر رہی ہیں ۔ ملنے جلنے والے بھی آتے جاتے رہتے ، وہ ان سے بھی مخاطب ہو جاتے ، بچوں سے کھیل بھی لیتے اور لکھتے بھی رہتے ——"

سیدین کی مستقل بالذات تصانیف کی تعداد ۲۷ ہے جن میں تعلیمی وغیر تعلیمی دونوں شامل ہیں۔ ان میں انگریزی کی سولہ اور اردو کی گیارہ تصانیف ہیں۔ باقی مواد صدارتی تقریروں، خطبات اور مضامین پر مشتمل ہے اور زیادہ تر انگریزی میں ہے۔

سیدین نے اپنی عملی زندگی کے ۴۶ سال میں جو خدمت انجام دی ہیں یہ تعلیمی کارنامے ان کا صرف ایک حصہ ہیں۔ انھوں نے زندگی میں بہت سے کام انجام دیئے کیوں کہ کام ان کی زندگی کا جزو تھا۔ تعلیم چوں کہ ان کا خاص موضوع تھا اس لیے یہ موضوع ان کی خدمات کا سب سے بڑا حصہ ہے۔

اس کے بعد سیدین نے جس چیز کو زندگی کا نصب العین بنایا وہ روحانیت، تہذیب اور اخلاق کے وہ اوصاف ہیں جن پر انسانیت کی بنیاد قائم ہے۔ تعلیم انسانی سماج کی فلاح و بہبود کا ذریعہ تبھی بن سکتی ہے۔ جب اس سماج کی بنیادیں بھی صالح اقدار پر قائم ہوں۔ یہی وجہ ہے کہ ایک معلم کی حیثیت مصلح اور مبلغ کی بھی ہوتی ہے۔ چناں چہ سیدین نے تعلیم کے ساتھ ساتھ ایک مصلح کے فرائض بھی انجام دیئے ہیں۔

سیدین کی نظریں زندگی کے تمام متعلقات پر اسی مطمح نظر سے پڑتی ہیں اور انسانی اقدار ان کے خیالات و افکار کا بنیادی مرکز ہیں۔ ایک مضمون "جمہوریت" میں کس طرح لفظوں میں تشریح کرتے ہیں۔

"حقیقی جمہوریت کا کام یہ ہوگا کہ وہ خدا کے بندوں کو ان شکاریوں کے پھندے سے نکال کر آزادی کے اس مقام پر پہنچائے جہاں وہ اپنی عقل کی روشنی

میں اپنا راستہ دیکھ سکیں اور اپنی سماجی زندگی اور تہذیب و تمدن کی عمارت کو مخالفتوں کے بجائے رفاقتوں کے ستون پر قائم کر سکیں۔ وہ مال مست امیروں میں فرض کا احساس پیدا کرے گی۔ اور ان کو کام اور محنت کی عزت کرنا اور اس میں شریک ہونا سکھائے گی۔ اور فقیروں کو ان کی حالِ مستی سے نکال کر ان میں خودداری اور حق شناسی پیدا کرے گی۔ وہ ہر قسم کے تصرف کو مٹانے کی کوشش کرے گی کیوں کہ یہی وہ چیز ہے جو افراد اور سماج میں مختلف قسم کی ذہنی اور اخلاقی خرابیاں پیدا کرتی ہے۔ وہ مساوات قائم کرنے کی تدبیریں سوچے گی۔ لیکن اس کا یہ مطلب نہ ہوگا کہ سب لوگ علم یا عقل یا صلاحیتوں کے اعتبار سے برابر ہیں لہٰذا افراد کے فطری اختلافات کوئی معنی نہیں رکھتے بل کہ وہ سب کو اپنی اپنی فطرت کے مطابق ترقی کرنے کے یکساں مواقع دے گی۔ اور اس مساوات کے قائم کرنے میں جو سماجی یا معاشی رکاوٹیں پیش آئیں گی ان کو جرأت کے ساتھ دور کرے گی۔ وہ ہر فرد کے دل میں اس احساس کا چراغ روشن کرے گی کہ خدمت دنیا میں سب سے بڑی سعادت ہے اور ہر وہ شخص عزت کا مستحق ہے جو اپنی تربیت یافتہ صلاحیتوں کو سماج سیوا میں لگائے۔ اس کی کوشش یہ ہوگی کہ ہر شخص کو ایسا کام کرنے کو ملے جو اس کی صلاحیتوں کے ساتھ ہم آہنگ ہو اور اس کے معاوضے میں اسے سماج کی مادی اور ذہنی پونجی سے فائدہ اُٹھانے کا موقع دیا جائے یعنی یہ جمہوری سماج وہ سب یا بیشتر باتیں کرے گی جن کو سوشلسٹ اور کمیونسٹ ہی نہیں بل کہ بعض سمجھدار سرمایہ دار تک ناگزیر سمجھتے ہیں لیکن اس کا مقصد اعلا محض سیاسی

قوت حاصل کرنا یا دولت بڑھانا یا علم پھیلانا ہوگا بل کہ انسان کا فروغ، اس کی نشو ونما، اس کے ذرے کو آفتاب بنانا ہوگا کیوں کہ انسان ہی وہ پیمانہ ہے جس سے زندگی کا جلال وجمال، اس کی کامیابی اور ناکامی، اس کا خیر و شر، اس کا حق و باطل ناپا جاتا ہے اور وہی زندگی اچھی زندگی ہے جو اس کی محرومیوں کو دور کرے، اس کی شخصیت کو سرخوش و پُرسوز بنائے اور اس کی تخلیقی قوتوں کی اس طرح تربیت کرے کہ وہ اپنی دُنیا کو اپنے تخیل کے حسین سانچے میں ڈھال سکے۔ یہ ہے ''روح جمہوریت'' کا تصور اگر جمہوریت کا جسم اس روح سے منحرف ہو تو یہ جسم کی بدبختی ہے، روح کا قصور نہیں''۔

گوتم بدھ کا تعارف سیدین اس دلکش انداز میں کراتے ہیں کہ پڑھنے والے کو آگے بڑھنے پر مجبور کر دیتے ہیں۔

''آج سے ڈھائی ہزار برس پہلے آنسوؤں کی اس وادی اور خوف کی اس گھاٹی میں جس کا نام دنیا ہے، جہاں دکھ حقیقت ہے اور سُکھ پرچھائیں، بھارت کی گود میں ایک سپوت پیدا ہوا۔ جس کا نام سدھارتھ۔ اس نے ایک شاہی خاندان میں جنم لیا، عیش و عشرت کی آغوش میں پرورش پائی، اپنے زمانے کے دستور کے مطابق پوری تعلیم حاصل کی اور پھر بہت چاؤ سے اس کی شادی رچائی گئی۔ قیاس یہ کہتا ہے کہ یہ راج کمار ایک دن بھارت کا راجا بنے گا اور ممکن ہے وہ کوئی ایسا کام کرے کہ اس کا نام تاریخ کے صفحوں میں باقی رہ جائے یا شاید جس طرح زمانے کے اٹل ہاتھ نے اور بے شمار ناموں کو مٹا دیا ہے اسی طرح اس کا نام بھی طاقِ نسیاں کی زینت بن کر رہ جائے لیکن ایسا

نہیں ہوا۔ اس کا نام محض تاریخ کے صفحوں میں نہیں بل کہ انسانوں کے دل میں ایک قندیل کی طرح روشن ہے۔ آج صرف ہندوستان نہیں بل کہ ساری دُنیا اُسے گوتم بدھ کے نام سے جانتی ہے اور پہچانتی ہے اور اس کی یاد کو اپنے فریم عقیدت میں جگہ دیتی ہے۔''

ایک پورے مضمون میں سیدین نے ممدوح کے عقائد کے لحاظ سے جابجا ہندی کے الفاظ بھی استعمال کئے ہیں جن کی وجہ سے عبارت میں جھول پیدا ہو گیا ہے وہاں عبارت میں روانی اور شعری لطف پیدا ہو گیا ہے۔ مضمون کا آخری حصہ دیکھیے:

''یہ پیغام جو محبت کا پیغام ہے، جو اہنسا کا پیغام ہے، جو شانتی کا پیغام ہے، جو فراخ دلی اور بے تعصبی کا پیغام ہے جو انسان کو صحیح معنوں میں انسان بنانے کا پیغام ہے۔ وہ پیغام جس کی بابت ایک مصنف نے لکھا ہے کہ اس میں وہ اعتدال پسندی تھی جو یونانی تہذیب کا جوہر مانی جاتی ہے، وہ خاکساری تھی جس نے عیسائی مذہب کو سرفراز کیا اور وہ مساوات جو اسلام کا مایۂ ناز ہے۔''

بانیانِ مذاہب کے حالات بیان کرنے سے سیدین کا مقصد ان کی سیرت نگاری یا مذہبی تعلیم کی تبلیغ نہیں بل کہ ان قدروں کا بیان کرنا ہے۔ جب کہ دوسری جگہ کہتے ہیں۔ ہم لوگ بظاہر سچ کہنے سے اس وجہ سے پرہیز کرتے ہیں کہ اس میں دوسرے کی دل شکنی ہوگی، خصوصاً جب وہ "دوسرا" کوئی صاحبِ قوت و اختیار شخص ہو اور اس سے ہماری کوئی توقعات وابستہ ہوں۔ لیکن اس کی بڑی وجہ یہ بھی ہے کہ ہم میں اتنی جرأت نہیں کہ ہم ناگوار سچائی کا

اظہار کر سکیں، اس کے نتائج کو بھگتنے اور اس کی قیمت ادا کرنے کو تیار ہوں۔ اس طرح زبان کا سکہ کھوٹا ہو جاتا ہے اور مطلب کو بیان کرنے کا نہیں بل کہ اس کو چھپانے کا اور اس کے ذریعے اپنے حاضرین کو خوش کرنے کا، جو وہ سننا چاہیں اسے سنانے کا طریقہ بن جاتا ہے۔"

اس جگہ زبان کا بالکل ہی نیا تصور ہے۔ یہ کہنا تو مشکل ہے کہ زبان کے معنیٰ اور مفاہیم کے بارے میں خود سیدین کا ذہن صاف نہیں تھا، یا اس کو وسیع معنی پہنانے کی انھوں نے شعوری کوشش کی۔ البتہ سیدین نے زبان کی عضوی حیثیت، گویائی کی قوت اور بولی اور لفظی و ہئیتی شکلوں کے فرق کا امتیاز باقی نہیں رکھا۔ انھوں نے زبان بحیثیت عضو، زبان بحیثیت اظہار مافی الضمیر اور زبان بحیثیت ہیئت اور زبان بحیثیت نطق کو ایک ہی پیمانے سے ناپا ہے۔ یہ دراصل زبان کے اس گہرے شعور کا نتیجہ ہے جس کی وجہ سے انھوں نے لفظوں کو اپنی گرفت میں رکھا ہے اور اپنی مرضی کے مطابق ان سے کام لیا ہے۔ وہ خود اعتراف کرتے ہیں: "ممکن ہے میں نے لبغز ارادہ کے لفظ کی قوت کو مبالغہ کے ساتھ دکھایا ہو۔ ہر شخص کو یہ تحریص ہوتی ہے کہ اپنے خاص پیشے کی اہمیت کو بڑھا کر دکھائے۔ مجھے اس بات کا اعتراف ہے کہ تمام عمر مجھے لفظوں سے محبت رہی ہے جو قدروں کے امین ہیں جو روح انسانی کا اظہار ہیں۔ جب میں نے یونیورسٹی میں پڑھایا ہے یا تعلیمی محکمہ کے افسر کی حیثیت سے کام کیا ہے یا تقریریں کی ہیں یا کتابیں اور مضمون لکھے ہیں، میں نے لفظوں کو اپنے کام میں استعمال کیا۔ انھوں نے مجھے دنیا کے بڑے بڑے مصنفوں، شاعروں، مفکروں سے روشناس

کرایا ہے اور میرا ان سے زندہ رابطہ قائم کیا ہے۔ مجھ کو انسان بنانے کی کوشش کی ہے۔ میرے انا میں اور دوسرے لوگوں کے انا میں، خواہ وہ کسی نسل یا مذہب رنگ یا جماعت یا مسلک سے تعلق رکھتے ہوں، جو دیواریں حائل تھیں ان کو توڑا ہے۔ انھیں سے میں نے اپنے کام میں حوصلہ پایا اور انھیں سے میں نے اپنی فرصت میں تسکین حاصل کی ہے۔ میں اُن کے معیار پر پورا نہ اترا ہوں لیکن وہ میرے معیار پر پورے اُترے ہیں۔"

اُردو میں جن لوگوں نے ہندوستان کی قومی اور تہذیبی روایتوں کے امتزاج کو دورِ جدید کے تعلیمی نظریات سے ہم آہنگ کیا ہے ان میں خواجہ غلام السیدین کو نہ صرف اہمیت بل کہ اولیت حاصل ہے۔ عثمانیہ یونی ورسٹی حیدر آباد نے بہت سے علوم و فنون کی کتابیں اُردو میں ترجمہ کرائی تھیں لیکن یہ سارا سرمایہ درسی اور نصابی کتابوں تک محدود ہے اور فنِ تعلیم کے دائرے سے باہر ہے ہندوستانی اکیڈمی (اکادمی) الہ آباد کے سامنے اگرچہ اُردو اور ہندی کی تفریق کو کم سے کم کرنے کا مقصد تھا۔ لیکن اس مقصد کے حصول کے لیے جو کوششیں کی گئیں ان کے نتیجے میں بھی کچھ کار آمد موضوعات اردو کے ہاتھ آئے جن میں تعلیم بھی ہے۔ سیدین کو بھی سب سے پہلے اس اکیڈمی نے اردو میں کتابیں لکھنے کے لیے مدعو کیا تھا۔ خواجہ غلام الحسنین اور ڈاکٹر ضیاء الدین کی ایک دو کتابیں ترجمہ ہیں اور تخلیق کے ضمن میں نہیں آتیں۔ تعلیم پر سیاسی رہنماؤں کے خیالات ان کے ذاتی افکار ہیں اور مذہبی لیڈروں کی کتابیں مخصوص طبیعتوں کے استفادے کے لیے ہیں۔ سیدین پہلے شخص

ہیں جنھوں نے فلسفۂ تعلیم اور مبادیات تعلیم پر نظریاتی اور عملیاتی تجربات کی بنیاد پر کتابیں لکھ کر اردو کو علمی و تعلیمی اعتبار سے بھی دوسری زبانوں سے آنکھ ملانے کے قابل بنایا۔ ان کی اردو نویسی کا محرک ہی یہ جذبہ ہے کہ اردو کے تعلیمی سرمائے کی کم مائیگی کو دور کیا جائے۔ اس خیال کو اس بات سے بھی تقویت ملتی ہے کہ سیدین نے اگرچہ انگریزی اور اردو دونوں زبانوں میں تصنیف و تالیف کی ہے لیکن ان کی تصنیفی زندگی کا آغاز اردو سے ہی ہوا۔ انھوں نے علی گڑھ میں تعلیم کے دوران بہت سے مضامین لکھے اور ان کی سب سے پہلی مستقل بالذات تصنیف بھی اردو میں ہے جو" اصول تعلیم" کے نام سے سنہ ۱۹۲۵ء میں شائع ہوئی۔ اس کتاب کے دیباچے میں سیدین نے لکھا ہے:۔

" اردو زبان میں فن تعلیم پر کتاب لکھنے کے لیے کسی معذرت کی ضرورت نہیں۔ یہ ان علوم میں سے ہے جن پر ہماری زبان میں بہت ہی کم کتابیں لکھی گئی ہیں حالاں کہ نظری اور عملی اہمیت کے اعتبار سے اس کو انسانی علوم کی صفِ اول میں جگہ دینی چاہیئے۔ شاید فی الحال ہمارے پاس چند ترجموں، چند مختصر تالیفوں اور نارمل اسکولوں کی درسی کتابوں کے سوا تعلیمی لٹریچر میں کچھ بھی نہیں۔ ترجموں میں سب سے مقتدر اور مستند کتاب ہربرٹ اسپنسر کی " فلسفۂ تعلیم " ہے۔ کچھ رسالے اخلاقی تعلیم اور تعلیم کے بعض اور خاص مباحث پر لکھے گئے ہیں کچھ مفید اور قابلِ قدر مواد اخباروں اور رسالوں وغیرہ کے متفرق مضامین میں ملتا ہے مثلاً سر سید احمد خاں کے مضامین تہذیب الاخلاق کی جلدوں یا ان خطبوں میں جو وقتاً فوقتاً ملک کی تعلیمی انجمنوں کے اجلاس میں دیئے گئے ہیں۔

آل انڈیا مسلم ایجوکیشنل کانفرنس نے اپنے گذشتہ چالیس سالانہ جلسوں کے خطباتِ صدارت کو "خطباتِ عالیہ" کے نام سے دو جلدوں میں شائع کر دیا ہے۔ جن سے مسلمانوں کی تعلیمی تاریخ اور اہم تعلیمی مسائل پر روشنی پڑتی ہے نارمل اسکولوں کی درسی کتب علمی اعتبار سے کوئی اہمیت نہیں رکھتیں۔ بس یہ ہے ہمارا کُل تعلیمی سرمایہ! لہٰذا جہاں اس کتاب کی تصنیف کی ایک وجہ یہ ہے کہ ہندوستانی اکیڈمی نے مجھے اس کو لکھنے کی دعوت دی وہاں دوسری وجہ یہ احساس ہے کہ موجودہ زمانے میں ہر تعلیمی تصنیف ایک نہایت شدید ضرورت کو پورا کرتی ہے اور شعبۂ تعلیم سے دلچسپی رکھنے والوں کا فرض ہے کہ وہ اپنی زبان میں تعلیمی تصانیف کا اضافہ کرکے اس کی موجودہ کم مائیگی کو دور کریں۔"

سیدین نے اردو کی خدمت ایک مشن کے طور پر انجام دی اور اس کا دامن تعلیمی اور انسانی اقدار کے موضوعات سے بھر دیا۔ ان کے کارناموں سے اندازہ ہوتا ہے کہ اگر موت انھیں اور مہلت دیتی تو اردو ادب کی وسعتوں میں وہ اور بھی خوشنما رنگ بھرتے۔

وہ اول و آخر تک ایک معلم، ایک صاحب اخلاق اور ایک صاحب اقدار شخص تھے۔ اور ان کی ادبی اہمیت یہی ہے۔ ان کے کارنامے اردو و انگریزی جاننے والوں کو اکثر یاد آتے رہیں گے۔